胜天半子
谋天下

中国历史上的十大谋士

杜赢◎著

时代文艺出版社
SHIDAI WENYI CHUBANSHE

图书在版编目(CIP)数据

胜天半子谋天下：中国历史上的十大谋士/杜赢著.
长春：时代文艺出版社，2025.5. -- ISBN 978-7-5387-7682-9

Ⅰ.K827=2

中国国家版本馆CIP数据核字第2024UZ3068号

胜天半子谋天下：中国历史上的十大谋士
SHENG TIAN BAN ZI MOU TIANXIA: ZHONGGUO LISHI SHANG DE SHI DA MOUSHI

杜 赢 著

| 出 品 人：吴　刚
| 产品总监：郝秋月
| 责任编辑：陈　阳
| 助理编辑：赵兵欣
| 装帧设计：春浅浅
| 排版制作：康　楠

出版发行：时代文艺出版社
地　　址：长春市福祉大路5788号　龙腾国际大厦A座15层　（130118）
电　　话：0431-81629751（总编办）　0431-81629758（营销部）
官方微博：weibo.com/tlapress
开　　本：880mm×1230mm　1/32
印　　张：6
字　　数：138千字
印　　刷：三河市泰丰印刷装订有限公司
版　　次：2025年5月第1版
印　　次：2025年5月第1次印刷
书　　号：ISBN 978-7-5387-7682-9
定　　价：39.80元

图书如有印装错误　请与印厂联系调换　（电话：0316-3650042）

PREFACE 前言

纵观古今，智谋之道乃天下大业之基石。古人云："不谋万世者，不足谋一时；不谋全局者，不足谋一域。"自古以来，成大事者必有深谋远虑之士辅佐。他们运筹帷幄之中，决胜千里之外，以智慧为剑，以谋略为盾，为天下霸业铺就道路。在此，我们不妨回溯历史长河，探寻那些智谋过人的杰出人物。

伍子胥，春秋时期的吴国贵族，因父兄被楚平王杀害，他怀揣复仇之志逃至吴国，凭借过人的才智辅佐吴王阖闾登上王位，并助其一雪前耻，攻破楚国都城。伍子胥之智，不仅在于他的战略眼光，更在于他能够洞察人心，利用敌人的弱点。正如《孙子兵法·谋攻篇》所言："知己知彼，百战不殆。"伍子胥深知此道，故能以一己之力，改写历史走向。

秦汉之际，张良以其卓越的智慧和谋略，成为汉高祖刘邦的重要谋士。张良精通兵法，善于出奇制胜。在楚汉战争中，他提出了许多关键性的战略建议，为刘邦的统一大业立下汗马功劳。张良之智，在于他能够准确把握时机，以最小的代价换取最大的胜利。如《六韬·龙韬·军势》所云："故善战者，不待张军；善除患者，理于未生；善胜敌者，胜于无形。"张良正是这样一位善于在无形中取胜的高手。

再观三国时期的贾诩,他以其深不可测的智谋成为曹魏政权的重要谋士。贾诩善于洞察人心,能够准确把握各方势力的动态,为曹魏政权的稳固立下赫赫战功。他的智慧在于能够审时度势,随机应变。如《孙子兵法·虚实篇》所言:"兵无常势,水无常形。"贾诩正是这样一位能够随势而变的智者。

唐朝名相狄仁杰,亦是智谋过人。他不仅以清廉正直著称,更以高超的智慧解决了许多棘手问题。在处理朝政纷争时,他总能洞察先机,化解危机于无形。狄仁杰的智慧,体现在他对政治局势的敏锐洞察和灵活应对上。如《三十六计·胜战计·瞒天过海》所说:"备周则意怠,常见则不疑。"狄仁杰正是运用这种策略,在复杂的政治环境中游刃有余。

这些古代谋士,虽生不同时,却都以智取胜,以谋定天下。他们的智慧不仅体现在对战略时机的把握上,更在于他们能够洞察人心、把握大势。他们的谋略之道,不仅为当时的霸业奠定了基础,也为后世留下了宝贵的智慧财富。

CONTENTS
目录

第一章

伍子胥：隐忍成就功名，爱憎分明，谨慎行事

父兄罹难，逃离楚国　　　　　　　　　　003

颠沛流离，忍辱复仇　　　　　　　　　　006

辗转至吴，伺机待发　　　　　　　　　　009

鱼肠穿膛，一剑定音　　　　　　　　　　012

多年筹谋，伍子胥大仇得报　　　　　　　014

含恨而死，峣峣者易折　　　　　　　　　016

第二章

范蠡：进退恣意江湖客，谋能兴国，富可敌国

主公，低头是风度，也是智慧　　　　　　021

要瞒过敌人，先从敌人内部入手　　　　　023

再施一计，英雄难过美人关　　　　　　　026

兴越灭吴，兵者，诡道也　　　　　　　　029

事了拂衣去，深藏身与名　　　　　　　　032

潇洒云水，千金散尽还复来　　　　　　　034

第三章

范雎：足智多谋，至情至性，成也性格，败也性格

初露锋芒却受屈蒙冤，死里逃生	039
范雎见秦王：君臣相宜的开始	042
利益永远是破局的有效武器	045
制造矛盾，巧用离间之计	047
恩怨分明，有时未必是一件好事	049

第四章

张良：垂胡袖里全是计，洞势知机，急流勇退

博浪沙刺秦，功败垂成	055
遇事要稳，有气要忍	057
对敌人的仁慈，就是对自己的凶狠	060
运筹帷幄，终成霸业	063
出世涉世，了心尽心	067
请出高人，借势保太子	069

第五章

贾诩：鬼神莫测有奇谋，但求实用，莫论手段

急中生智，借势脱险	075
善引导，寥寥数语扭转局面	077
将格局打开，把天赋带到该去的地方	079
洞悉人心，离间对手解危机	083
深谋远虑，方能安身立命	086

第六章

王猛：前秦首席策划师，先生不逝，扭转历史

诀别桓温：选择决定命运	091
理乱邦，应用重法	094
先救后取，以正合，以奇胜	098
巧施"金刀计"，智斗慕容垂	102
身死国灭：处理隐患不可心慈手软	106

第七章

狄仁杰：阴谋阳谋双管齐下，生佐女皇，死后兴唐

大器晚成，神探是怎样炼成的	111
敢为人所不敢为，更容易被注意	114
局势不明，保持本心	117
在黑白之间周旋，聪明人内方外圆	120
好汉不吃眼前亏，阁老智斗来俊臣	123
曲线救国：提建议要善用迂回	126

第八章

赵普：半部《论语》治天下，事无常师，取势而为

由吏入仕，尽心任事成心腹	131
陈桥兵变，挺身而出为主加黄袍	134
皇上，臣有一计，可助您大权独揽	138
解决难题，从最容易的地方入手	141
贪念，最容易成为对手拿捏的软肋	144
金匮之盟：关键时刻把"王炸"打出来	148

第九章

耶律楚材：双修福慧兴蒙古，经世济民，以儒治国

一个亡国之人的华丽转身　　　　　　　　　　153

折冲万里，以文韬镇武略　　　　　　　　　　156

兴仁止杀，救万民于冷刃之下　　　　　　　　159

一士之智，乱局捧起窝阔台　　　　　　　　　161

发展经济，保护名士　　　　　　　　　　　　164

第十章

范文程：大清图霸重要推手，运智铺谋，毁誉参半

范仲淹的子孙竟然会降敌　　　　　　　　　　169

算死袁崇焕，诱降洪承畴　　　　　　　　　　172

定策入关，规整秩序　　　　　　　　　　　　175

文馆重臣，开国定制　　　　　　　　　　　　177

明哲保身，荫庇后世子孙　　　　　　　　　　180

第一章

伍子胥

隐忍成就功名，
爱憎分明，
谨慎行事

·人物档案·

姓名	伍员	性别	男
		生卒年份	公元前559年—公元前484年
时代	春秋时期	籍贯	楚国（今湖北监利）
性格特点	刚毅雄烈，睚眦必报，为达目的不择手段			
个人简介	伍子胥，名员，字子胥。春秋末期吴国大夫、军事家。受封于申，也称申胥。因父伍奢之事逃至吴国，助阖闾刺杀吴王僚，夺取王位，整军经武，使吴国国势日盛。后因为夫差所恶，赐死自尽，沉尸钱塘。			

·大事年表·

- 约公元前559年：出生于楚国椒邑。
- 公元前522年：因父被诬陷，逃离楚国，开始流亡。
- 公元前521年：历经艰险，从楚至吴。
- 公元前514年：密谋刺杀吴王僚，助阖闾即位。
- 公元前506年：率军败楚，掘楚平王墓鞭尸。
- 公元前496年：吴王阖闾死，夫差继位，继续辅佐。
- 公元前494年：劝夫差灭越未果。
- 公元前484年：被逸言所害，赐剑自尽。

父兄罹难，逃离楚国

伍子胥，名员，字子胥，生于显赫之家，他的父亲伍奢是楚国的官员，地位尊崇，深受敬仰。楚平王封自己的儿子建为太子后，伍奢被楚平王任命为太子太傅，另一位朝臣费无忌被任命为太子少傅，共同辅佐太子建。

费无忌没有学问，只知道阿谀奉承，为人奸诈无比，太子建非常厌恶他。伍奢学识渊博且为人正直，太子建与伍奢非常亲近，使费无忌怀恨在心，一直伺机报复伍奢和太子建。

当楚平王派费无忌前往秦国为太子建娶亲时，费无忌发现秦国公主倾国倾城，就急匆匆赶回楚国，向楚平王献上一个荒谬的建议：让楚平王自己娶秦国公主，再给太子另娶。

更荒谬的是，楚平王竟接受了费无忌的建议，夺走了原本属于太子建的妻子。虽然讨好了楚平王，但费无忌也将自己推向了危险的深渊。他深知，一旦楚平王死去，太子建继位，自己在劫难逃。于是，他不断地在楚平王面前诬告太子建与伍奢串通，以齐国和晋国为外援，准备发动叛乱。

太子建真的会谋反吗？楚平王不知道。但每每想到自己做下的丑事，这位多疑的君主就会更添一分猜忌。他召见伍奢，询问究竟。

"大王怎能仅凭小人之言，就疏远骨肉至亲呢？"忠正耿直的伍奢如是说。

然而，多疑的楚平王早已被谗言蒙蔽心智，他听不进任何忠言，反而下令将伍奢囚禁，并派兵去追杀太子建。

太子建闻讯，仓皇逃往宋国，而伍家却因此陷入了前所未有的危机。费无忌再次进谗言，声称伍奢的两个儿子伍尚与伍员（伍子胥）皆才华横溢，若不除之，必成大患。这位昏庸的君主再次听从了费无忌的建议，派人召伍氏兄弟，意图将他们一网打尽。

面对这突如其来的灾难，伍子胥展现出了超乎常人的冷静与智慧。他深知，此行若去便是死路一条。伍子胥说："楚王传召我们，并不是为了让父亲活命，是怕我们逃脱后成为祸患。所以拿父亲作为人质，假意传召。我兄弟二人一到，父子三人就会一起被杀，我们去或不去能改变什么呢？不如投奔别的国家，借他国的力量来雪父亲的耻辱，束手就擒是没有作为的。"

伍尚则说："我知道应召前去也不能保全父亲的性命，我们不去，以后又不能报仇雪恨，到头来岂不被天下人耻笑。你赶快逃走，将来报杀父之仇，我就能安心赴死。"

最终，伍尚毅然前往，而伍子胥则选择了另一条路——逃亡。

被囚禁在牢中的伍奢听说伍子胥逃走了，叹息道："楚国君臣将要苦于战争了！"

伍尚到了楚国都城，楚王将伍奢、伍尚父子一并杀死。伍子胥得到消息后，指天为誓，无论付出多大的代价，都要让仇人血债血还。

面临危急时刻，保持清醒头脑，审时度势，灵活应变至关重要。真正的智慧，不在于一味坚守，而在于知道何时坚持，何时放弃，以最小代价换取最大利益。只有保存自己，方能消灭敌人。就如伍子胥的逃亡，不是逃避，而是为了更好地反击，为了在合适时机以更强大的姿态归来。

谋略锦囊

颠沛流离，忍辱复仇

离开楚国，茫然四顾，伍子胥该前往何处呢？

迷茫之际，他听说太子建在宋国，便毅然前往，希望能在乱世中找到一丝依靠。然而，命运总爱与他开玩笑，伍子胥刚到宋国便遭遇了内乱，只得再次踏上逃亡之旅，这一次与他同行的还有太子建。

他们的下一站是郑国。这一次，太子建是带着目的前来的，他曾与晋顷公密谋，约定与其里应外合覆灭郑国。

这次密谋的结局并不美好，郑定公发现了太子建的阴谋，将其杀死。伍子胥只好带着太子建的儿子胜逃到了晋国。

然而，晋国并非伍子胥心中的理想之地，要报父兄之仇，必须选择更为强大的助力。他作出了一个惊人的决定——去那个强大的敌国，那个有能力与楚国相抗衡的地方——吴国！

前往吴国的路途充满了未知与危险，伍子胥必须通过吴楚交界的昭关，而此时楚平王仍在四处追捕他，关内盘查十分严密。

那一夜，伍子胥满目忧愁，回首旧日过往，心中痛苦不已，眺望前路茫茫，更是满心苍凉。

一筹莫展之际，伍子胥遇到了东皋公，此人据说是神医扁鹊的传人。

他对伍子胥的遭遇十分同情，决定帮助伍子胥通过昭关。

在东皋公的安排下，一位与伍子胥外貌相似的人先入关，吸引住众人的视线，制造混乱，伍子胥趁机过关。

然而，到了江边，追兵又至，生死关头，一位渔翁驾着船将他送过江。伍子胥心中满是感激，渡江之后便解下随身带的宝剑赠予渔翁作为谢礼，结果却被渔翁拒绝了。

> 这剑虽值百金，但楚王的悬赏是五万石粟和封爵，如此我都不动心，怎会贪图此剑？

过昭关后，伍子胥的苦难并未结束。在去往吴国的漫漫长路上，他因疾病缠身，只得沿途乞讨维生。

有一名浣纱女见他可怜，赠给他饭菜。然而，当他嘱咐浣纱女不要暴露他的行踪后，浣纱女竟直接投河自尽，以死明志。这一举动让伍子胥深感震撼与悔恨，他咬破手指，在石头上写下一首诗，曰：

尔浣纱，我行乞；

我腹饱，尔身溺。

十年之后，千金报德！

虽然伍子胥一直记得自己许下的承诺，但当他终于报仇雪恨，前来寻找浣纱女的家人时，却已无从寻觅，便只得将千金抛入她投水的地方，以此来兑现自己的承诺。据说这便是"千金小姐"一词的由来。

这个故事在《吴越春秋》之《王僚使公子光传第三》中有记载。浣纱女舍身灭口的故事在当地广为流传。据记载，唐朝著名诗人李白游历到此地，被浣纱女义举感动。当时县令郑晏提出为浣纱女立碑，并请李白撰写碑文，李白欣然答应。在碑文中写道："子胥东奔，乞食于此，女分壶浆，灭口而死。声动列国，义形壮士，投金濑沚，报德称美。"

这条逃亡之路上，伍子胥失去了太多，也收获了太多。一路行来，他已从一个逃亡的贵族，成长为一个坚韧不拔、智勇双全的复仇者。

> 真正的智者，在于灵活应变，在绝境中寻找生机，将每一次的挫折转化为前进的动力。无论身处何种境遇，都要保持一颗坚韧不拔的心，善于观察与分析，勇于改变与适应，方能如伍子胥一般，跨越重重难关，最终实现自己的目标。而在这个过程中，对他人的善意与帮助常怀感恩之心，亦是成就大业不可或缺的品质。

谋略锦囊

辗转至吴，伺机待发

历尽千辛万苦来到吴国后，伍子胥穷困潦倒，他流落街头，靠乞讨为生，默默等待着机会。皇天不负有心人，几天后，逆境中的伍子胥终于等来了能让他实现复仇大业的人——公子光。

公子光是吴王诸樊的儿子。诸樊死后，公子光本以为王位是自己的，不料被堂兄弟僚捷足先登。当时，吴王僚刚刚继位执政，公子光将自己的不满情绪隐藏起来，暗中招贤纳才，发展自己的势力，准备等时机成熟便夺取吴王僚的王位。

伍子胥在吴国市集上乞讨，行为怪异，地方官吏就将此事报告给了公子光。公子光非常好奇，就去市集上见到了伍子胥。当时，伍子胥正在放声高唱楚国的军歌，激昂悲壮。

公子光马上感觉伍子胥不是常人，他对亲信说："我听说楚平王几年前杀了太傅伍奢和伍奢的儿子伍尚，他的另一个儿子伍员逃离了郢都。伍员才智过人，有勇有谋，这几年他奔走于诸侯之间，寻找能够帮他报家族之仇的国家。如果我没有猜错的话，这个异人就是伍员。如果能够将他招揽过来，一定能辅佐我成就大事。"

公子光上前与伍子胥攀谈起来，几句话后，双方相见恨晚。从此，伍子胥与公子光的命运都发生了翻天覆地的变化。

> 你,就是那个异人?

> 你就是我要等的人!

在公子光的引荐下,伍子胥见到了吴王僚,对他大谈伐楚的好处。吴王僚听后很激动,心想:"伐楚这件列祖列宗都没干成的事情,难道自己刚即位就要实现了?"这时,如果不是公子光阻拦,伍子胥可能就要提前实现自己的复仇计划了。

公子光说:"大王,伍子胥目的不纯,他是想借助咱们吴国的手为自己报仇,你想想,无故伐楚,对咱们有什么实际好处?死的是咱们兄弟,成全的是伍子胥的仇恨。"

吴王僚被公子光这么一说,才反应过来,看伍子胥的眼神就变了,但也没有当场发作,只是冠冕堂皇地说了几句场面话:"伍兄弟的确是个人才,寡人非常看好你。这样,你先在吴国住下,将来一定会有你大显身手的机会!"

一出好戏就这样被公子光破坏了。

吴王僚确实是一个值得自己投资的人物，但两相对比之下，此时的伍子胥觉得，公子光才是那个真正对的人。而且，从公子光的眼神中，伍子胥还察觉到了一种被压抑很深、旁人难以察觉的欲望——吴王僚死后，吴国将来一定是公子光的！

良禽择木而栖，不需要多做考虑，伍子胥马上有了新的决定：成为公子光的人，而不是他的敌人！

有了这种打算，伍子胥话锋一转："公子光说得对！大王身为一国之君，的确不应滥用武力，随意兴兵。"

吴王僚不乐意了："劝寡人兴兵的是你伍子胥，现在你又说寡人滥用武力，你到底什么意思？"

伍子胥不卑不亢："我如果不试一下，怎么知道您吴国君臣是否值得投靠呢？如此一看，吴国君明臣贤，只要有大王您在，吞掉楚国，指日可待！"

一席话，说得吴王僚心花怒放。

每个人都有自己的欲望，并为之倾尽全力。人们也期待着每一分付出能换来应有的回报。然而，付出与回报之间达到平衡的状态，却需要双方共同探寻彼此都能接纳的准则。

谋略锦囊

鱼肠穿膛，一剑定音

此时，一个大胆的计划在伍子胥心中悄然成形——拉拢公子光，助其夺位，再借吴国之力，报家国之仇。

如何才能实现自己的计划呢？伍子胥想到了一个人，一个能够帮助公子光坐上王位的隐世豪杰——专诸。

专诸是个普通的屠户，但他又不仅是一个普通的屠户。一次偶然的街巷厮斗，专诸以一敌众，展现了他的勇猛，而当他的妻子轻声一句呼唤，这位看似不可一世的猛汉竟立刻收敛锋芒，乖乖回家。这一幕，恰巧被路过的伍子胥看在眼里。

伍子胥被专诸的这一举动深深吸引，忍不住登门拜访。面对伍子胥的疑惑，专诸淡然一笑，道出了那句掷地有声的话语："屈一女之手，必伸展于万夫之上。"伍子胥听后，不禁为专诸的胸襟与气概所折服，当即与之结为兄弟。

伍子胥向公子光引荐了专诸，只一照面，公子光便被专诸的豪迈与义气打动。为了赢得专诸的效忠，公子光对专诸及其家人极尽礼遇。古语云"士为知己者死"，公子光所表现出的真诚与信任深深打动了这个汉子，在他看来，公子光或许就是值得自己以命相报的"知己"。

伍子胥和公子光等待已久的时机终于悄然降临。

宴会上，专诸端着精心准备的烤鱼走进大殿。谁也不会想到，这条味美鲜香的烤鱼腹中，藏着的却是一把利刃——鱼肠剑。

吴王僚与公子光正把酒言欢，端着美味烤鱼的专诸忽然暴起，鱼肠剑出鞘，如电光石火般刺穿了吴王僚的三层甲胄——鱼肠穿膛，一剑定音！

吴王僚死了，就这样死在了他无论如何也不曾想到的人手上。

专诸也死了，死在侍卫的乱刀之下。他以自己的生命为代价，为公子光铺就了通往王座的道路。

谋略锦囊

真正的谋略不仅在于计策的巧妙，更在于洞察人心。伍子胥的智谋，在于他看透了公子光的野心，也看准了专诸的忠义，于是巧妙地将两者结合，发动了一场惊天动地的政变。

多年筹谋，伍子胥大仇得报

吴王僚死了，公子光的时代正式开启。他自立为国君，史称吴王阖闾。

阖闾三年（前512），阖闾和伍子胥将讨伐楚国列入了日程表。在此期间，伍子胥四处寻找能指挥行军打仗的军事天才，终于找到了隐居在吴国钻研兵法之道的孙武。

孙武见到阖闾后，献上了自己所著的兵法十三篇。阖闾大为吃惊，瞬间被孙武的才华所折服，接受了他的伐楚战略。

在孙武的训练下，吴国的军事技术得到了质的飞跃。吴王阖闾九年（前506），经过了多年的拉锯战，楚国的国力被消耗殆尽。渐感时机成熟的吴国派遣三万精兵乘坐战船沿淮河而上，大举进攻楚国。吴军五战五胜，势如破竹，一举攻入楚国的都城。楚王仓皇逃窜，而伍子胥也终于如愿站上了郢都的城墙。

伍子胥来到楚平王的埋葬地，找到楚平王的坟墓，让人掘开墓穴，将楚平王的骸骨拖了出来。他举起钢鞭，狠狠抽打在骸骨之上，足足抽打了三百下。

后来，各诸侯国以正义之名发兵干涉，吴国撤出了占领近十个月的郢都。但即使如此，侥幸存活下来的楚国再也不复往日的辉煌。

谋略锦囊

复仇之路需要智谋与坚韧并行。就如伍子胥之复仇，非一蹴而就，实乃多年筹谋，步步为营之果。他深知，仅凭一己之力，难以撼动楚国之根基，故借吴国之力，以实现其复仇之愿。

含恨而死，峣峣者易折

走过战火铺就的复仇之路，伍子胥站上了吴国宫殿的最高处，此时的他已经是吴国的大功臣，手握权柄，富贵荣华。

阖闾十九年（前496），吴王阖闾攻越兵败而亡，其子夫差在伍子胥的扶持下登上王位。自此，复仇大业便落到了夫差肩上。在伍子胥的辅佐下，夫差不负众望，于夫差二年（前494）攻破越国，俘虏了越王勾践及其大臣和五千残兵。

为保住性命，勾践通过大夫文种向吴国当时的太宰伯嚭行贿，请求伯嚭为他求情。伯嚭是个贪财之人，欣然接受了越国的贿赂。在他的劝说下，夫差果然饶了勾践一命，只让他来吴国为奴。

后来，夫差生病，勾践为表忠心，甚至不惜亲尝夫差的粪便来判断他的健康。夫差大为震撼，一个连他的粪便都不嫌弃的人，对他的真心可谓日月可鉴啊！于是大手一挥，决定放勾践回越国。

伍子胥心中非常不安，他声嘶力竭地喊道："大王，勾践这是在演戏骗您啊！"

夫差却只淡淡说了一句："我生病时，勾践都知道来看我，你去哪儿了？你来看过我吗？"

伍子胥沉默，他深知夫差已被勾践的假象所迷惑，再也听不进自己的忠言了。

完了，大王这是被迷惑了！

伍子胥，我病的时候，勾践都来看我，你呢？你有来看过我吗？

勾践回国后，仍旧定期给夫差和伯嚭送财物，还给夫差进献了千古美人西施。夫差整日沉迷于美色之中，不问政事。这一切，伍子胥看在眼里，急在心里。他多次去劝谏夫差，但夫差此时的心思全部在西施身上，哪里还能理解伍子胥的良苦用心？反而觉得伍子胥就是他的眼中钉、肉中刺，欲拔之而后快。

一次，伍子胥出使齐国，顺便带着儿子去了。齐国的丞相田成子很欣赏伍子胥的才能，想要把他留在齐国。伍子胥谢绝了田成子的好意，只把儿子留在齐国，自己回到了吴国。

伯嚭得知此事后，为争夺伍子胥的相国之位，便趁机向夫差进谗言说："相国留子于齐，恐对吴不利，还望大王尽早行动啊。"

此时的夫差本就对伍子胥充满偏见，听了这话，顿时大怒，当即命人送去一把利剑，让伍子胥自杀。

面对这样的结局，伍子胥冷笑道："待我死后，请将我的眼睛挖下，悬挂于东门之上，我要亲眼看着吴国灭亡！"说完便拔剑自杀了。

听闻此事，夫差大怒，直接命人将伍子胥的尸体丢入钱塘江喂鱼。想看吴国灭亡？我就偏不让你看！

钱塘江畔，伍子胥的尸身缓缓沉入水底，结束了他充满传奇和悲剧的一生。他的才华和智慧，最终也未能挽救吴国的命运。他的死，是权力的牺牲品，也是忠诚的代价。在历史的长河中，伍子胥的名字将永远与这段悲壮的历史相连。

"峣峣者易折，皎皎者易污。"刚直清廉的人总是容易受到诋毁。权力与忠诚，如同双刃剑，既能铸就辉煌，亦能引发悲剧。在权力与忠诚的天平上，如何找到平衡，是每个人都必须面对的课题。

谋略锦囊

第二章 范蠡

进退恣意江湖客,
谋能兴国,富可敌国

· 人物档案 ·

姓名	范蠡	性别: 男
		生卒年份: 公元前 536 年—公元前 448 年
时代: 春秋时期		籍贯: 楚国（今河南南阳）
性格特点: 深谋远虑，淡泊名利		

个人简介: 范蠡，字少伯，春秋时期著名的政治家和军事家，曾辅佐越王勾践灭吴。功成名就后急流勇退，改名为陶朱公，致力于经商。其智慧和才干被后世称颂，常被视为古代商人之典范。

· 大事年表 ·

约公元前 536 年：
- 出生于楚国宛地（今河南南阳）。

公元前 494 年左右：
- 投奔越国，辅佐越王勾践。

公元前 494 年 - 前 473 年：
- 助勾践复兴越国，灭掉吴国。

公元前 473 年左右：
- 功成身退，开始经商生涯。

经商期间：
- 三次散尽家财，被誉为「商圣」。

晚年：
- 改名陶朱公，继续从事商业活动，成为当时巨富。

逝世：
- 约公元前 448 年，被后世尊为财神、商祖。

主公，
低头是风度，也是智慧

范蠡出生在楚国宛地的三户邑，从小酷爱读书，十几岁就博览群书。聪明的头脑加上刻苦的态度，让范蠡很快出类拔萃，并幸运地拜入史学界大家庄伯门下，成为他的弟子。后来，他又得到道家三大祖师爷之一计然子的指导，学识日益精进。

范蠡成年后结识了文种，他们很快成为好朋友。二人都看到了吴、越两国的崛起之势，也敏锐地察觉到，吴国已有孙武、伍子胥这样的栋梁，没有自己的用武之地。于是，他们转向了越国。

越王勾践元年（前496），吴王阖闾在樵李被勾践打败，含恨而终，阖闾的儿子夫差继承大统，成为新的吴王。

夫差继位后，日夜操练兵马，誓要为父报仇。为了时刻铭记这份仇恨，他让负责守门的人每次见他出入，都要高声问一句："夫差，越王杀父之仇，可曾忘怀？"

每每听到这个问题，夫差都会怒目圆睁，掷地有声地回答："此仇不共戴天，吾何敢忘！"

夫差，越王杀父之仇，可曾忘怀？

此仇不共戴天，吾何敢忘！

夫差此人不可轻视！

勾践听说这件事，心想：吴军蓄势待发，这场仗恐怕不能避免，既然如此，与其给他们时间准备，倒不如我直接先发制人，再续槜李之辉煌。

得知勾践的心思，范蠡大为吃惊。如今这形势，越国对上吴国，未必能占到便宜。

然而，此时的勾践因为之前获胜的经验，对自己可谓信心满满，面对范蠡的劝阻，自然是丝毫不放在心上，权当耳旁风了。

最终，越军兵败会稽，山河色变，一番豪情壮志，转瞬化为乌有。

面对这样的结果，勾践羞愧万分，着实无颜面对范蠡。为了保存越国，范蠡深深叹了口气，真诚地对勾践说道："主公，咱低头吧！"

世间万物，皆有其时，强者之路非唯勇猛而已。范蠡之智，在于识时务，懂屈伸，知进退。懂得审时度势，才能在逆境中寻转机。低头非怯懦，实乃深谋远虑之举，非真弱也，乃蓄势待发，待机而动。

谋略锦囊

要瞒过敌人，
先从敌人内部入手

会稽一战，越军大败，勾践听从范蠡的建议，选择了最为屈辱的一条路——卷甲求和。

勾践派出的使者，是善于外交的大夫文种。文种带着勾践的哀求和诚意，膝行顿首于夫差面前，言辞恳切，愿以越国之王为吴臣，越国之妻为吴妾，只求一线生机。

然而，夫差却并未被胜利冲昏头脑，尤其是身边还有伍子胥这位清醒的谋士。伍子胥一拊掌，直言："这可是上天赐予咱们拿下越国的良机！"

在这生死存亡的关头，范蠡忽然灵光一闪，想到一个人——伯嚭。

吴国太宰伯嚭，为人贪财好色且与伍子胥不和，同时又深得夫差信任，要是能把他给拿下，之后的事情可就好办多了！

范蠡把自己的想法一说，勾践和文种都觉得可行，立即行动起来。于是，一场精心策划的贿赂行动悄然展开。

这一次，文种携带着越国的珍宝和美女秘密拜访了伯嚭。面对这突如其来的重礼，伯嚭起初还故作姿态，但当他看到那金光闪闪的财宝和貌美如花的女子时，内心的贪欲瞬间暴露无遗。

两人别有深意地对望一眼，各自心下了然。文种知道，此事妥了！

次日，文种再次面见夫差，这一次他的言辞更为恳切，但同时也强硬地表示：要是吴国实在不肯给越国留条活路，那越国就只能破釜沉舟，和吴国拼了！

伍子胥可不吃这套，吴国和越国是世仇，注定拼个你死我活，现在吴国占了上风，傻子才会选择放虎归山！

就在这时，伯嚭站出来了："我听说古时讨伐敌国，都不过就是迫使对方臣服，又何必赶尽杀绝呢？"

夫差一听，顿时心里就舒坦了：我这么厉害，还要去和一个阶下之囚计较，那就太有失身份啦！

于是，大手一挥，接受了越国的臣服。

按照约定，勾践必须入吴为奴，侍奉夫差。范蠡毫不犹豫地选择跟随在勾践身边，一同面对这段屈辱和苦难的日子。

在吴国，他们表面上是顺从的奴隶，实则一直在暗中观察、学习，等待着复仇的契机。

没过多久，夫差忽然生病了，范蠡顿时喜出望外，给勾践支了个招："大王，机会来了！您去尝尝夫差的粪便，这忠心，得用实际行动证明！"

勾践一听，啥？话说得轻松，敢情不是你小子去尝！可转念一想，为了大局，还真就只能硬着头皮上了。果不其然，这一尝，不仅夫差感动得稀里哗啦，连病魔都被这股子"忠诚"劲儿给吓跑了。

夫差病愈后，大摆宴席，把勾践他们请上了贵宾席，从奴隶到座上宾，这身份转换着实令人猝不及防。

勾践和范蠡凭借着智慧和勇气，终于苦尽甘来，成功踏上了回国的路。

谋略锦囊

于复杂之局，当先谋后动，以智取胜。于敌强我弱之时，更需隐忍与筹划，以待时机。就如勾践与范蠡之谋，勾践之求和，非真弱，乃蓄势待发，待机而动；其入吴为奴，更非真屈，实为深谋远虑，打入敌人内部，以求复仇之良机；而尝粪诊病之举，更是智谋与忍耐的极致展现。

再施一计，
英雄难过美人关

　　国家破败，民生凋敝，这便是战争过后越国满目疮痍的模样。值得庆幸的是，越国终于还是等回了它的国君。绝望的深渊之中，仍旧有着复兴的希望。

　　劝农桑，务积谷，不乱民功，不逆天时。

　　范蠡告诫勾践：一个国家的强盛，根基在于经济。只有百姓安居乐业，国家才能富强。

　　于是，勾践开始重视农业发展，鼓励百姓耕作，同时减轻赋税，让百姓得到实惠。这一系列措施，使得越国经济逐渐复苏，百姓生活安定。

　　越国在谋求复兴，这是一条需要慎之又慎的道路，切不能让强大的吴国有所察觉。

　　那么，如何才能遮住敌人的"眼睛"，悄悄积蓄力量，强大起来呢？

　　范蠡想到一个办法。

　　在重建越国都城时，范蠡命人建造了两座城池。建给吴国看的建得残缺不全，面对吴国的方向甚至不筑城墙。这样的布局成功地迷惑了夫差，让他对越国的实力产生了误判。

在吴国为奴三年，除了屈辱与苦痛，范蠡还发现了夫差的弱点——英雄难过美人关。

为了寻找到这个足以迷惑夫差的美人，范蠡踏遍越国山河。

这一日，范蠡在湖上泛舟，远远便望见一个女子在水边浣纱。那女子容貌绝美，宛若天人。

范蠡心中一动，他有种强烈的预感——就是她了！

容貌绝美的浣纱女被带到了越王勾践的面前，她叫施夷光，因为居住在村西，大家便唤她西施。

范蠡对西施进行了为期三年的培训，教她仪态仪表、宫廷礼仪、衣着搭配、唱歌跳舞等全方位的技能。

三年的朝夕相处，范蠡见证着西施的每一次蜕变，看着她从一个普通的民间女子，一点点展露光华，成为一个风华绝代的美人。

这一年，西施身穿华服，乘坐宝车，和另一位被选中的美人郑旦一起，在范蠡的亲自护送下踏上了吴国的土地，背负起沉重的责任与期待。

越国送来了美人，似乎再一次证明了他们的忠诚。夫差非常高兴，这份礼物确实送到了他的心坎儿上。他沉迷于美色之中，西施和郑旦也开始了她们在吴国的使命。她们不仅要迷惑夫差的心智，还要挑拨他与伍子胥的关系。

或许是一种与生俱来的天赋，西施很快就得到了夫差的宠爱，甚至让夫差专宠她一人。她利用夫差对她的迷恋，一步步完成着范蠡交给她的任务。

> 大王,越国送美人是有阴谋的!

> 你别再说了,我自有分寸!

然而,郑旦却似乎忘记了自己来吴国的使命。她对西施心生嫉妒,渐渐迷失了自我。最后抑郁成疾,死于宫中,被葬在了黄茅山,永远失去了回归故土的机会。

范蠡助勾践谋复兴,所行之策皆为深思熟虑之果。劝农桑,务积谷,固国之本;重建都城,巧布城池,惑敌之眼。此皆经济与军事并重,内外兼修之策。范蠡更知攻心为上,利用夫差之好色行"美人计"。可见,在复杂的政治斗争中,了解对手,巧妙利用其弱点,往往能取得意想不到之效果。

谋略锦囊

兴越灭吴，兵者，诡道也

勾践深知，要一雪前耻，就必须让自己时刻铭记在吴国的屈辱经历，于是，他撤去了床上的被褥，每日睡在柴草之上，又在饭桌上方悬挂了一颗苦胆，每日饭前都要品尝其苦，以此提醒自己不忘国仇家恨。

勾践励精图治，不仅亲自下田耕作，身穿妻子织的麻衣，吃着简单的饭菜，更以礼贤下士的风范，体恤人民，广纳贤才。他任命范蠡为上将军，负责训练新军；任命文种为大夫，治理国家政务。在君臣携手努力下越国逐渐恢复了元气，国力日渐强盛。

为了迷惑夫差，为越国争取更多的时间，勾践仍旧精心准备礼物，按时派人送到吴国去进贡，而且贡品每年都有所增加。

范蠡送去的美人西施则用她的柔情蜜意，为夫差建造了一个"英雄冢"，让这个英武勇猛的国君逐渐沉溺于声色犬马之中，荒废国政。

与此同时，西施还作为内应为越国搜集情报，为勾践的灭吴计划提供了重要的帮助。

再加一把火吧！

勾践与范蠡相视而笑，仿佛已经预见了一座高楼的坍塌。

名贵的树木被送到吴国，瞧——多么适合大兴土木呀！大王你可用这些树木来搭建漂亮的宫殿和高台，博美人一笑！

美人一定会喜欢这座宫殿！

挑拨的谣言四起，无论是枕边的美人，还是早已被收买的太宰伯嚭，都在一遍遍诋毁老臣伍子胥，仿佛他真的已经通敌叛国。

最终，这位苦苦支撑吴国社稷的栋梁之臣，还是死在了这些离间的谣言之下。

十年的艰苦奋斗与励精图治，让越国变得国富兵强。而此时的吴国，早已因连年的战争和夫差的荒淫无度而逐渐走向衰微。即便到了这个时候，夫差仍然沉迷于西施的美色，对勾践的复仇行动毫无察觉。

这一年，范蠡跑到吴国哭穷，恳请夫差借粮，帮助越国度过灾荒。夫差竟然同意了。他却不知，这些粮食被借走之后，被有条不紊地煮熟晒干，次年又送还到了吴国。百姓们拿着煮熟的谷子当种子种粮食，自然颗粒无收。这一计，给予吴国沉重一击。

一切准备就绪,勾践终于露出了獠牙,倾全国之力发动灭吴战争。而此时的吴国已经无力与越军抗衡,夫差只能选择退回都城死守。

这次围困战打了三年之久,夫差选择结束自己的生命。就这样,本来强大的吴国短短二十年就被越国灭亡了。

勾践灭吴后尽并吴国土地,率军北渡淮河在铜山会见晋、齐等诸侯,并遣使纳贡于周天子。周元王派使者赐勾践祭肉并命他为侯伯。勾践把吴国侵占陈、宋的土地归还两国,把淮河上游的土地送给鲁国,把泗水以东的五百里土地送给楚国。至此勾践遂号为霸王,成为春秋时期最后一位霸主。

兵者,诡道也,以智取胜,非唯恃勇力。勾践复国灭吴,其卧薪尝胆,励精图治,实乃谋略之典范。然其成功,非仅在于刻苦自励,更因深谙诡道、善用智谋。此乃兵法之精髓,亦为人生之智慧。

谋略锦囊

事了拂衣去，深藏身与名

庆功宴上，乐师作《伐吴》之曲，赞颂文种、范蠡之功，群臣大悦而笑，勾践却面无喜色。这一细节如同寒风中的利刃，刺入了范蠡的心中。他深知，勾践为了灭吴兴越，不惜忍辱负重，卧薪尝胆。如今功成名就，他不想归功于臣下，猜疑嫉妒之心已见端倪。

飞鸟尽，良弓藏；狡兔死，走狗烹——这句话顿时在范蠡的脑海中浮现，让他瞬间清醒。他也意识到越王勾践并非是一个能够共富贵的人。

盛名之下，难以久居，如不急流勇退，日后恐无葬身之地。

于是，范蠡果断向勾践告辞，请求退居山林。勾践半诱惑半试探地提出："我们可分国而治。"

范蠡淡然回复："君王有君王的法令，臣子有臣子的意愿，各行其是就好。"

当晚，范蠡不辞而别，携带家眷，乘舟涉三江，入五湖，彻底消失在越国境内。

范蠡走得果断，理由很简单，只是为了保命而已。他辅佐勾践二十余年，早已看透了勾践的为人。更何况，命运的轨迹并非无迹可寻，伍子胥的遭遇早已揭示了荣华背后的悲剧。

离开之时，范蠡给老朋友文种留下一封信，劝诫道："飞鸟尽，良弓藏；狡兔死，走狗烹。越王为人长颈鸟喙，可与共患难，不可与共乐，子何不去？"

可惜的是，即便看了这封信，文种最终却没有选择离开。或许是留恋这富贵的生活，也或许是对勾践有着莫名的信任，不相信他会做出这样的事情。最终，他落得和伍子胥一样被赐剑自杀的下场。

在权力游戏中，要保持清醒的头脑；功成之时，要懂得急流勇退，以免陷入困境。此乃人生之智慧，亦为处世之谋略。就如智者范蠡，深谙权力之道，功成身退，实乃明智之举。

潇洒云水，千金散尽还复来

　　天才无论在哪里，都能焕发出璀璨的光华。而范蠡，就是那个天才。

　　前半生的范蠡，是一个极其出色的政治家、军事家；后半生的范蠡，则创造了人生另一个领域的巅峰。

　　离开勾践之后，范蠡的第一站是齐国，他给自己起了一个奇怪的名字，叫作"鸱夷子皮"。

　　他与儿子们耕作于海边，同治产业。由于经营有方，没过多久，产业赢利竟然达到了数十万钱。

　　齐王听说他的贤能，请他出任国相。范蠡向齐王进谏：内施仁政，外和友邦，发展农业，训练丁壮，富国强兵，兴齐霸业。他还劝说齐王把原先占领的汶阳地区归还鲁国，以修旧好，取信诸侯。

　　然而，好景不长，齐王因谗言开始疏远范蠡。

　　范蠡觉察到这一变化，自嘲一笑，交还相印后将千金家产全分散给乡邻百姓，带着家人悄悄离开了齐国。

　　这一次的目的地是陶地，范蠡再一次变名更姓，自称陶朱公。

　　初至陶地，范蠡只能做一些当地的粮盐买卖，本小利微。他并未满足于此，而是一直在寻找更大的商机。

一次，范蠡从往来的商贾口中打听到，吴越一带需要好马，他意识到这是一个大商机。但收购马匹容易，把马匹运送到越国去贩卖却是难事。范蠡并未因此而退缩，他了解到有一个叫姜子盾的商人常年贩运麻布到吴越一带，于是想出一条妙计。

范蠡写了一张榜文，张贴在城门口，上写：我新组建了一批马队，可以免费帮人向吴越地区运送货物。

很快，姜子盾就找上门来了，希望范蠡帮他把北方的麻布运到吴越。两人一拍即合，一路同行，顺利把货物连同马匹安全送达吴越。范蠡因此赚了一大笔钱。

赚到第一桶金后，范蠡开始积聚货物，据时而买卖，从商品交易中获取利润。

人弃我取，人取我予——这是范蠡一贯坚持的经营理念。

市面上，别人降低价格抛售的商品，他果断出手大量买进。别人卖东西都想着多赚一分是一分,他却一直坚持以"薄利"促"多销"。对范蠡来说,图一时之利只会因小失大,想更长远地赚钱,就要懂得克制贪欲。

几年后,范蠡果然再次积累起巨额家产,成为一方巨贾。

当然,范蠡的后半生也并非一直这样顺遂。

他的次子因杀人被囚禁在楚国,听闻这一消息时,他深深地叹了一口气,说:"杀人偿命,该是如此,但我的儿子不该死于大庭广众之下。"于是便派少子前去营救,并带上了一牛车的黄金。

长子得知后,坚持要替少子去完成这项任务,甚至以自杀相威胁,家人也都纷纷劝说。无奈之下,范蠡只得同意,眼中却弥漫着浓浓的悲哀,结局已定,而他已然窥见了那个悲惨的结局。

果然,不久之后,长子带着次子的死讯回来了。范蠡哀戚一笑:"长子从小与我在一起,知道为生的艰难,不忍舍弃钱财。而少子生在家道富裕之时,不知财富来之不易,很易弃财。我先前决定派少子去,就是因为他能舍弃钱财,而长子不能。次子被杀是情理之中的事情啊!"

公元前 448 年,范蠡寿终正寝,时年八十八岁。后人将范蠡尊之为财神、商圣、商祖。

谋略锦囊

要想在人生中取得成功,就要学会顺应时势,满足他人需求,实现互利共赢;也要学会克制贪欲,长远规划,不断进取。同时也要明白,名利并不是人生的全部,有时候追求内心的平静和满足比追求外在的名利更加重要。

第三章 范雎

足智多谋，至情至性，
成也性格，败也性格

· 人物档案 ·

姓名	范雎	性别：男 生卒年份：？—公元前 255 年
时代：战国时期		籍贯：魏国（今山西芮城）
性格特点：智谋深沉，能言善辩，睚眦必报		

个人简介：范雎，字叔，战国时期魏国芮城人，曾在魏国受到迫害，后逃往秦国，凭借出色的才智得到重用，成为秦昭王的重要谋士。他提出"远交近攻"的战略，对秦国统一六国起到重大推动作用。后因推荐郑安平失败，被秦昭王免去相位，不久抑郁而终。

· 大事年表 ·

- **出生**：时间不详，生于山西芮城。
- **早年**：任魏国中大夫须贾门客。
- **公元前 266 年左右**：遭受迫害，化名张禄，逃亡秦国。
- **公元前 262 年**：觐见秦昭王，上远交近攻策。
- **公元前 260 年左右**：实施离间计，大胜赵国。
- **晚年**：任人唯亲，黯然辞职。
- **逝世**：公元前 255 年，抑郁而终。

初露锋芒却受屈蒙冤，死里逃生

春秋战国，一个风云变幻的时代，奇人异士或如流星般穿梭于诸侯之间，以三寸不烂之舌搅动天下风云；或如猛虎蛰伏于一隅，静待时机，一跃而起，成就一番霸业。

范雎心怀壮志，渴望像苏秦、张仪那样凭借自己的才智游说诸侯，一朝显达，青史留名。然而，时运不济，才华横溢的他只能委身于中大夫须贾门下，做一名级别较低的门客。

须贾虽然是一个平庸之辈，却是魏国国相魏齐的心腹。这便是范雎选择他的理由，范雎梦想着有朝一日能够接近魏齐，以此为阶梯踏上青云路，实现自己的政治抱负。

很快，范雎等来了一个机会——出使齐国。外交事务，需要思维敏捷的头脑，能说会道的口才，而这正是范雎最为擅长的。

至于须贾，则显得木讷呆板，仿佛田地里的稻草人一般。可偏偏就是这样一个人却做了外交使团的团长，真是魏国的耻辱！范雎心中不免有些感慨，但又有些得意扬扬，浑然不觉自己已犯下大错。

此时的齐国，刚刚度过灭国危机，百废待兴。齐襄王对所有诸侯都心怀戒备，魏国也不例外。

接见魏国使团时，齐襄王表现得异常冷淡，接待礼仪怠慢，齐国朝臣们的刻薄言辞一度让场面剑拔弩张。须贾尴尬至极，不知如何推进外交会晤。

此次访齐，使团是有任务的，那便是加强合纵，共同抵御秦国的扩张势头。但很显然，须贾的窘态已经让外交陷入僵局。

此刻，该我登场了！一个声音这样告诉范雎。他从容自信地挺身而出，凭借过人的口才化解了尴尬，赢得齐襄王的赏识，圆满地完成了任务。但他耀眼的才华完全盖过了须贾的风头。

回国当晚，国相魏齐便摆下宴席，要给他们洗尘庆功。范雎大喜过望，以为这次立了大功，会得到魏齐的赏识，未来在魏国前途无量。

然而，等待范雎的却不是赞美和嘉奖，只因须贾对魏国相国魏齐说："齐王想留下我的门客范雎做客卿，又赐给他黄金与美酒，我怀疑他把魏国的机密告诉了齐国，所以才得到赏赐。"

于是，魏齐让人鞭打范雎，打断了他的肋骨，打落了他的牙齿。范雎躺在地上一动不动，试图通过装死逃过一劫。

最终，范雎如同垃圾一般被随意丢弃到了城外的荒野之地。那一刻，他以为自己的生命只能在屈辱中走向终结。

幸而这一次命运并未抛弃范雎。有一个人看到了范雎的价值，这个人就是郑安平。他救下奄奄一息的范雎，带着他消失在茫茫夜色之中。

当范雎再一次睁开双眼时，简直不敢相信自己居然还活着，身体的疼痛无时无刻不在提醒着他曾经历过的屈辱，他看向坐在床榻前的郑安平，听到他一字一句地说："范雎死了，你叫张禄。"

在权力的游戏里，才华是锋利的剑，但智慧才是持剑的手。即便拥有本领，也需谨慎选择展现的舞台与时机。或许出风头能带来短暂的辉煌，却也可能招致意想不到的灾难。真正的智者懂得隐忍与等待，他们知道，每一次的低头，都是为了更高远地跳跃。

谋略锦囊

范雎见秦王：君臣相宜的开始

在范雎遭遇职业生涯的"滑铁卢"时，秦国的当权者秦昭王嬴稷正沉浸在一种烦闷的情绪中。多年来，秦国的实际统治者始终是宣太后，朝政也始终把持在两位舅舅穰侯魏冉和华阳君芈戎，以及两个同母弟弟泾阳君公子芾、高陵君公子悝手中，人们称其为"四贵"。

秦昭王渴望权力，渴望证明自己的价值，但现实的枷锁却让他动弹不得。秦昭王从王稽口中首次听闻范雎之名时，心中为之一动。这位外交舞台上的新星，以其精妙绝伦的口才促成了魏齐联盟，一时之间佳话频传。据传，齐王曾试图以重金挽留这位奇才，却未能如愿。然而，世事无常，范雎竟被疑心病重的魏齐活活打死，令人扼腕叹息。

"他现在化名张禄！"王稽神秘兮兮地说道。

原来，王稽出使魏国时意外地遇到了走投无路的范雎，经郑安平推荐，王稽得知张禄便是范雎，如获至宝，将他带回了秦国。

"张禄。"秦昭王沉吟片刻，心想："还是先晾他一阵，挫挫他的傲气。"

于是，范雎被安排在一个简陋的客舍中，每日粗茶淡饭，始终无法见到秦昭王。这一等便是一年，其间，王稽多次前来探望，对于觐见秦昭王之事却束手无策，只是安慰他不要着急，再等等。

> 张禄兄，别急，再等一等，大王自然会召见你的。

> 还得等多久才能见到秦昭王？

终于，忍无可忍的范雎给秦昭王写了一封长信，言辞诚恳，表现了自己的忠诚和智慧。秦昭王读罢此信，终于想起了这位奇才，那便见他一见吧！

秦昭王在离宫接见范雎。此时此刻，对秦昭王来说，范雎仍旧不过是一个有些意思的策士罢了。对于此次会面，秦昭王也并未抱有多大期待。

范雎对此心知肚明，他知道，想要引起这位君王的注意，必须剑走偏锋。于是，进入离宫后，范雎便假装不认路，闯入了永巷。当宦官怒斥他时，他竟大吼道："秦国哪有大王？只有太后和穰侯罢了！"这句话正好戳中了秦昭王的痛点。他见过无数士人，却从未有人能如此一针见血。

于是，秦昭王向范雎执宾主之礼，然后屏退左右，向范雎请教。范雎支吾不敢言，他还不清楚秦昭王是真诚还是试探。在秦昭王的一再催促下,范雎终于提出了"远交近攻"的策略。这一策略,不仅符合秦国的国家利益,也为秦昭王夺回权力提供了契机。

事实证明,范雎的这一步走对了。秦昭王立即拜他为客卿,与谋兵事。自此之后,范雎与秦昭王"日见亲近"。随后的几年里,范雎的远交近攻战略取得了巨大成功,秦军伐魏攻赵、蚕食三晋的步伐越发稳健。而且与以往不同,战争的红利大多由秦朝廷享有,而非落入勋贵手中。

后来,范雎向秦昭王提出了驱逐四贵、收回权力的主张。秦昭王果断行动,迅速进行了权力的重新分配:"废太后,逐穰侯、高陵、华阳、泾阳于关外,以范雎为丞相,封为应侯"。

掌控秦国数十年的宣太后一党被驱逐殆尽,作为秦昭王亲信的范雎掌握大权。

在权力的博弈中,策略与时机同样重要。权力场如棋局,每一步都需精心布局,耐心等待时机。只有懂得将二者巧妙结合,才能做到以最小的代价换取最大的胜利。

谋略锦囊

利益永远是破局的有效武器

"远交近攻"虽然只有短短的四个字,却足以搅动天下风云。这一策略,简单来说就是:先攻击邻近的国家,同时与较远的国家保持友好关系。

攻击邻近国家,秦国能够迅速扩张领土,增强实力;与较远国家相交,可以有效减少来自外部的干扰与压力,避免其他诸侯国形成反秦联盟。

当时,六国策士会聚赵国,正商量合纵抗秦之事。

范雎深知,天下策士对秦国并没有深仇大恨,他们之所以聚在一起试图对付秦国,不过是为了一己私利。既是为了利益,那么相应地,只要有足够的利益,便也能让这本不坚固的联盟分崩离析。

范雎对秦昭王说道:"一群狗,在饥饿时相安无事,一旦有骨头出现,平静立刻被打破,它们为了争夺心仪之物,不惜相互撕咬。这便是利益的力量,足以让最温顺的生物变得凶残。"

在范雎看来,在利益驱使之下,各怀心思的六国合纵联盟,便与这群狗无异。

八千斤黄金与美人被送到赵国,秦臣唐雎按照范雎的吩咐,在武安大摆宴席,并放出话:"邯郸人谁敢来取黄金?"

果不其然,那些前一刻还在义愤填膺声讨秦国的策士们,后一秒就已经为争夺黄金而大打出手,争相愿做秦国的盟友。

看吧,大王,一群狗为了骨头,自己先咬起来了!

黄金和美人,真是瓦解联盟的绝妙武器啊!

就这样,未及八千斤黄金用尽,六国合纵之盟便已现颓势,面临土崩瓦解。而范雎不过只是付出近八千两黄金的代价,就为秦国解了燃眉之急,更是在无形中削弱六国的力量,为秦国的统一大业铺平了道路。

利益是驱动人心的最强动力,也是瓦解敌意的温柔之刃。在制定策略时,不仅要考虑外在的局势与条件,更要深入洞察人心的微妙变化,以最小的代价换取最大的胜利。真正的智者,懂得如何以利益为饵,诱导敌人步入陷阱,从而在不动声色中掌控全局。

谋略锦囊

制造矛盾，巧用离间之计

合纵联盟的破坏加快了秦国统一的步伐。

秦昭王四十七年（前260），秦赵两国为了争夺上党郡这片富饶之地，在长平展开了一场较量。

战役之初，赵军由经验丰富的老将廉颇统领，面对秦军强大的野战能力，赵军初战不利，几番交锋皆落下风。廉颇这位以防守见长的名将迅速调整战略，不再盲目进攻，而是转为稳固防守，同时派出小股部队袭扰秦军的补给线，令秦军头疼不已。

几次尝试进攻无果后，秦军陷入了进退维谷的境地，战场局势一时胶着。范雎想到要打破僵局，必须从内部瓦解敌方。于是，他命人携重金暗中贿赂赵王身边的亲信，散布谣言，声称秦国最怕的是赵奢之子赵括，至于廉颇不过是个年纪大的老头儿，对勇猛的秦军来说没有一点儿威胁。

因之前的几场小败，赵王本就对廉颇心有不满，听到这些话更是怒从心生，不顾众臣反对，毅然决定临阵换将，用赵括取代廉颇。

赵括是个什么样的人呢？他是赵国名将赵奢之子，从小就学习兵法，但缺乏实战经验，只会纸上谈兵。

上任后，赵括立即改变了廉颇的防守策略，转而采取主动进攻，这正中秦军名将白起的下怀。白起利用赵括的急躁设下诈败诱敌之计，将赵军四十万大军引入陷阱，断其退路，分割包围。四十多天后，赵军粮尽援绝，甚至出现了人吃人的惨状，只能无奈投降。白起担忧降卒过多难以控制，竟一夜之间将四十万赵军坑杀。

范雎这一出反间计，不仅让赵王撤换了廉颇，更是直接导致赵国元气大伤。

人心的弱点是操控局势的关键。在权力的斗争中，没有永远的敌人，也没有永远的朋友，只有永恒的利益。但权力的游戏往往伴随着残酷与牺牲。在追求利益的过程中，若不能坚守道德与人性的底线，最终可能会付出沉重的代价。

谋略锦囊

恩怨分明，
有时未必是一件好事

范雎其人，恩怨分明。有时候，这是一件好事，但有时候，却也未必是件好事。

此前说过，在来到秦国之前，范雎曾被诬陷，险些把性命都给丢了，也正是因为这件事，他化名张禄，逃往秦国。

成为秦国的相国后，范雎依然沿用张禄这个名字，外人皆不知他便是那个曾在魏国受尽屈辱的范雎。岁月流转，当年的恩怨并未随风而逝，反而在他心中埋下了复仇的种子。

有一年，须贾作为魏国的使者来到秦国，范雎得知此消息，心中那股被压抑多年的怒火瞬间被点燃。他决定策划一场报复，让须贾为自己曾经的所作所为付出代价。

那一日，范雎隐瞒身份，穿着破旧的衣服，以一副狼狈不堪的模样来到须贾住地。须贾一见，惊愕不已，毕竟魏国人都以为范雎早已不在人世。须贾问道："范先生还健在呀！"范雎点了点头，心中却已掀起滔天巨浪。

一番寒暄过后，须贾对范雎的现状表示了同情，邀请他留下吃饭，还赠送了一件粗丝袍子给他。

得知范雎在秦相张禄府上做事，须贾便向范雎打听情况。范雎心中暗自得意，却故作神秘地说："您若是想见我的主人，我倒确实能为您引荐！"须贾听后大喜过望，对着范雎连连拜谢。

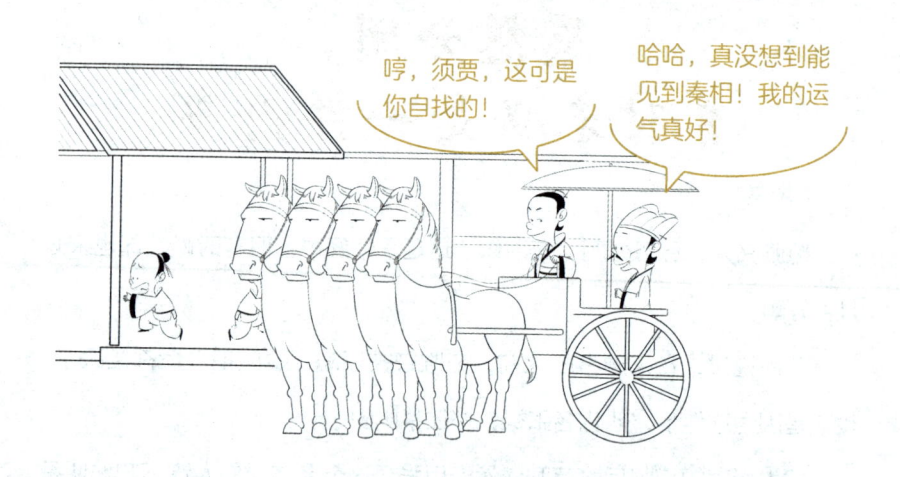

> 哼，须贾，这可是你自找的！

> 哈哈，真没想到能见到秦相！我的运气真好！

范雎为须贾借来四匹马拉的大车，并亲自为他赶车。马车一路畅通无阻，直接驶进了秦国的相府。相府里的人见到赶车的人是张相国，纷纷回避，这情形让须贾诧异不已，心中隐隐有些不安。

车停下后，范雎对须贾说："你等一等，我去通报一下。"说罢便一溜儿烟跑没影儿了。

须贾等了很长时间，却怎么也不见范雎回来，便询问门卒，结果对方竟告诉他："刚才与您同行的那位，就是咱们秦国的张相国呀！"

须贾一听，大惊失色，这才意识到自己是被范雎耍弄了。他慌忙脱掉上衣，光着膀子双膝跪地而行，去向范雎请罪。

须贾一见范雎，就连连叩头，颤抖着声音说："我没想到您凭自己的能力达到这么高的地位。从此我不敢再读天下的书，也不敢再参与天下的事了。我犯下了应该烹杀的死罪，是死是活就凭您决定！"

范雎细数须贾的罪状，每一条都让他胆战心惊。然而，在发泄完心中的怒火后，范雎还是给了须贾一条生路，让他离开秦国。

随后，范雎把事情的原委告诉秦昭王，秦昭王大手一挥：小小须贾算什么？要报仇，那就得连他背后的主子一块收拾！

须贾一回国，就赶紧把情况告诉魏齐，魏齐得知当初被他百般羞辱的范雎不仅没有死，竟然还成了秦国的相国，吓得肝胆俱裂，直接弃相印逃往赵国，藏匿于平原君赵胜家中。

很快，平原君就接到秦昭王的邀请，让他前往秦国访问。在秦国的威慑下，魏齐被迫离开平原君家，转而投奔赵相虞卿。

虞卿这人相当讲义气，为了帮助魏齐，直接辞去相国职务，和他一同逃回魏国，投奔信陵君魏无忌。

但可惜，魏无忌不太情愿为了保下魏齐而损害国家利益。最终，魏齐在绝望中自杀了。

有仇必报，那么有恩，自然也必偿。

范雎有两个救命恩人，一个是他被"弃尸荒野"后将他救走的郑安平；另一个是将他带到秦昭王面前的王稽。可以说，没有这两位恩人，范雎就没有机会在秦国施展才华，更无法成为一代名相。

当范雎在秦国得势后，决定向他们报恩。他向秦昭王保荐郑安平为将军，保荐王稽为河东太守。然而，这两个任命却成了范雎最大的败笔。

郑安平本是文臣出身，对军事并不擅长。范雎却安排他带兵攻打赵国，结果郑安平被赵军围困，最终带着两万秦军投降赵国。这一行为不仅严重损害了秦国的利益和声誉，也让范雎识人不明的罪名坐实。而王稽从一个基础秘书的角色一步登天成为封疆大吏后，也未能经受住权力的诱惑，最终因为与其他诸侯国有勾连而被诛杀。

尽管秦昭王并未因此而迁怒范雎，但范雎心中的郁闷和不安却始终难以消解。

就在这时，一个名叫蔡泽的燕国人来到秦国。他听说了范雎的问题后，与他见了一面。蔡泽以商鞅、吴起、文种三人的悲惨结局为例，劝说范雎退位让贤。范雎本就心中有愧，深感蔡泽言之有理，最后竟真的决定辞职让位给蔡泽。

秦昭王五十二年（前255），范雎辞归封地，黯然离去，不久后便病逝了。

> 复仇虽可满足一时之快，但也可能带来长久的隐患。报恩虽为美德，但亦需量力而行，不可盲目。在人生的舞台上，无论曾经多么辉煌，都应时刻保持谦逊与自省。知进退，明得失，方能善始善终。

谋略锦囊

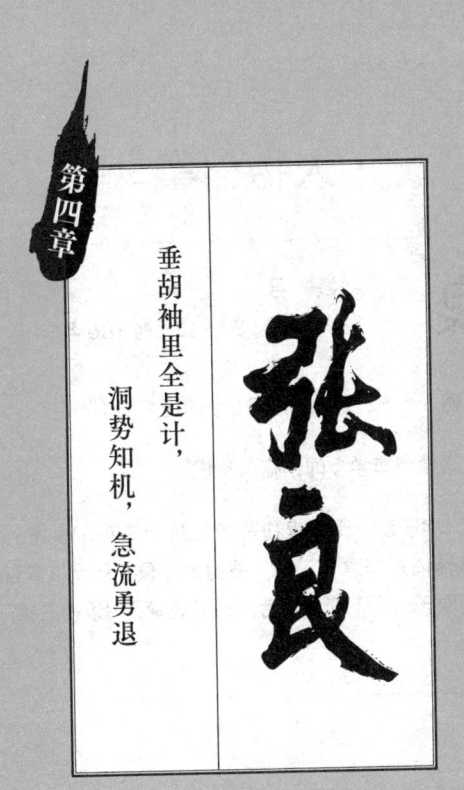

第四章

张良

垂胡袖里全是计,
洞势知机,急流勇退

· 人物档案 ·

姓名	张良	性别: 男
		生卒年份: ?—公元前 186 年
时代: 秦朝、汉朝		籍贯: 韩国（今河南郏县）

性格特点: 深谋远虑，博学多闻，临危不惧

个人简介: 张良，字子房，秦末汉初著名的政治家和军事家。曾策划刺杀秦始皇未遂，后辅佐刘邦建立汉朝，被封为留侯。张良以智谋著称，屡出奇策，为刘邦夺取天下立下汗马功劳，被后世尊为"汉初三杰"之一，永载史册。

· 大事年表 ·

出生：
· 时间不详，生于河南郏县。

公元前 218 年：
· 博浪沙刺杀秦始皇，未遂逃亡。

秦末乱世：
· 隐居下邳，得黄石公传授兵法。

公元前 209 年—公元前 207 年：
· 起兵反秦，助刘邦先入关中。

公元前 206 年—公元前 202 年：
· 辅佐刘邦，战胜项羽，建立汉朝。

晚年：
· 隐居修道，助吕后保住太子之位。

逝世：
· 公元前 186 年，谥号文成。

博浪沙刺秦，功败垂成

始皇帝二十九年（前218），秦始皇东巡，当车队缓缓行进至博浪沙这片荒凉之地时，天空中突然传来一声震耳欲聋的轰鸣，一个重达百斤的大铁锤如同天外陨石，呼啸着从天而降，目标直指那象征着至高无上权力的马车。

这是一场有预谋、有计划的行刺。行刺者二人，一为大力士，力能扛鼎；一为韩国贵族后裔，心怀国恨家仇。

然而，命运似乎并不站在他们这一边。秦始皇早已料到可能会有此等不测，因此每次出巡都会安排多个"替身"座驾以混淆视听。这一次，被大铁锤砸中的恰恰就是其中一个"替身"座驾。真正的秦始皇安然无恙地坐在另一辆马车中，一场惊心动魄的刺杀最终以失败告终。

行刺失败后，秦始皇勃然大怒，下令在全国范围内大肆搜捕刺客。他深知，此次行刺背后隐藏着的是对统治者的不满。曾经，一块陨石上刻了几句"始皇帝死而地分"便让他震怒异常，下令将陨石周围百里之内清理得寸草不生。如今，竟有人胆敢明目张胆地向他投掷百十斤的大铁锤，这如何能忍？

于是，一场前所未有的追捕行动开始了。大力士的结局如何，历史没有记载，但另一位刺客却奇迹般地逃脱了追捕，后来成为中国历史上一颗璀璨夺目的明星——张良。

> 换了个"马甲"，希望这次能躲过这条暴怒的龙！

> 竟敢行刺朕！天涯海角也要抓到那个刺客！

张良祖上曾担任过五任韩国的宰相，家世显赫，若非秦国入侵，他本应是权倾一时的贵族。然而，国破家亡，他从云端跌落尘埃，成为布衣百姓。这份仇恨让他走上了反抗的道路。博浪沙刺秦，是他人生中的一次壮举，也是他走向人生巅峰的开始。

谋略锦囊

事有可为，有不可为。当事不可为之时，休养生息、东山再起，这才是智谋的体现。精心策划尚且未能成功，想要以运气补上最后一块拼图，怕是难上加难。因此，改头换面，从头再来，才有下一次机会。

遇事要稳，有气要忍

改名换姓的张良如同断线的风筝，飘摇至下邳这片古老的土地。对于张良而言，下邳是他传奇生涯的新起点，也是他人生低谷时的转折点。

从韩国贵族后裔到布衣百姓，再到逃犯，张良开始了游侠生涯。然而，正是在这看似无望的境地，张良认识到一个人的单打独斗是行不通的，况且现在天下已定，于是他便选择修身养性，经常到城南小沂水上的圯桥漫步，观日出日落，沉思、检讨自己。

有一天，张良站在桥头正思索着什么。一位老翁步履蹒跚地来到他跟前，故意把鞋子掉到桥下，回过头来对张良说："小子，给我捡回来。"老翁的傲慢无礼，对张良而言无疑是莫大的讽刺。但张良转念一想，自己现在被通缉，还是不要惹是生非的好，就看在他年纪大、腿脚不方便的分儿上帮他一把。正如孟子说的，为长者折枝，这是后辈应该做的事。于是张良压下了怒气，下桥拾了鞋，交给了老人。

"小子，把鞋给我穿上。"老翁再次傲慢地开口。"遇事要稳，有气要忍"，这不仅是张良在这一刻的抉择，也成了他日后行事的重要准则。面对老翁的刁难，张良没有发作，而是选择跪下为其穿鞋。

老翁临走前说:"孺子可教也,五天后的凌晨,来此地见我。"五天之后,张良一早就到了桥头。但老翁已先到达,生气地责备张良说:"你来见长者,怎么能比长者来得晚呢?"然后又甩出一句话"五天后再见",留下一脸困惑的张良。

明明我来得也很早啊,唉!罢了,看看他葫芦里到底卖的什么药!

又过了五天,张良去了桥头。这回他可是起得比鸡都早,心想应该不会晚了吧?可没想到老翁又先到了,声色俱厉地责备道:"为何又落在后面?后五日复早来。"

五天过后,张良不到半夜就去了桥头。果然,这次自己是第一个到的,不一会儿老翁也来了。

老翁看到张良后，满意地点点头，从怀中取出一编竹简送给他并说道："我叫黄石公。这本兵书你拿去看，看懂了，就能做帝王师了。"张良早年在陈地拜一名儒生为师，学到了不少知识，对当时盛行的儒家、墨家、道家、法家、阴阳家、纵横家等学说有了大概的了解，但遗憾的是他没读到过任何一本兵书，如今，这本兵书来得正是时候。黄石公赠予的《太公兵法》，不仅是知识的传承，更是智慧的启迪，它让张良从一个冲动的游侠，逐渐成长为一个深沉的谋士，一个能够洞察世事人心的智者。

这段经历虽显玄幻，却真实改变了张良的命运。正如《史记》所载，"圯桥进履"，不仅是一个成语的诞生，更是张良人生轨迹的转折点。

在之后的十年流浪生活中，张良倾注心血钻研此书中深厚的智慧和策略，为未来辅助刘邦铸就基业提供了坚实的理论基础。同时，漂泊四方的经历，让张良深刻感受到了百姓的苦难，从而更加坚定了他推翻暴政的决心。

张良的一生，是对"遇事要稳，有气要忍"这一主题的生动诠释。从贵族后裔到通缉要犯，再到帝王之师，他的每一步都充满了挑战与考验。在逆境中，唯有稳住心态，忍住脾气，方能迎来人生的转折与辉煌。

谋略锦囊

对敌人的仁慈，
就是对自己的凶狠

秦二世元年（前209）七月，陈胜、吴广在大泽乡揭竿而起，举兵反秦。紧接着，各地反秦武装风起云涌。

第二年六月，项梁、项羽叔侄所率领的反秦队伍已发展壮大至六七万人，拥立楚怀王之孙熊心为王，各路义军首领汇聚于薛城，共商伐秦大计。张良也加入了反秦大军的行列。

张良不忘复兴韩国之志，向项梁提议："君既已立楚王为后人，而韩王诸公子中的横阳君成最贤，可立为王，借以多树党羽。"此言一出，项梁欣然应允，命人寻得横阳君成，立其为韩王，并以张良为司徒，相当于丞相之位。张良"复韩"之愿终得偿，他竭尽全力扶持韩王成，挥师收复韩地，游兵于颍川附近。然而时局多变，秦兵强势，韩地迟迟未能稳固。

在张良与秦军周旋于颍川的日子里，项梁因轻敌被秦军主力章邯打败，项梁也在此仗中身亡。

为挽回项梁战死后的颓势，楚怀王对起义军进行整顿，将吕臣和项羽的军队合并，以项羽为鲁王，封长安侯；以刘邦为武安侯，并决意进攻关中，宣布"先入关中者为王"。刘邦取道颍川、南阳，意图从武关入关中。秦二世三年七月,刘邦率军攻占颍川,韩王成和张良与刘邦会合。刘邦请韩王成留守阳翟,令张良随军南下,一场关乎天下归属的较量悄然拉开序幕。

九月,军队抵达南阳郡,南阳郡守退守宛城,固若金汤。刘邦心急如焚,欲绕过宛城继续西进。张良劝谏刘邦:"您虽然想赶快入关,但目前秦兵数量仍旧很多,又凭借险要地势进行抵抗。如果现在不攻下宛城,那么宛城的敌人从背后攻击,前面又有强大的秦军,这是危险之道啊!"

于是,刘邦连夜率兵从另一条道返回,更换旗帜,把宛城团团围住。后来南阳郡守的门客陈恢从中斡旋,南阳郡约定条件投降,刘邦封赏南阳太守为殷侯,封给陈恢一千户,让他们留下来守南阳,自己则率领宛城的士兵一起西进。

宛城难攻,我绕过去怎么样?

不妥!这样咱们会腹背受敌。

随后，刘邦率军直抵峣关，此关易守难攻，是通往秦都咸阳的咽喉要塞。刘邦准备强攻，张良再次劝谏："秦军还很强大，不可轻视。我听说峣关的守将是屠户的儿子，容易以利相诱。你先暂且留守军营，派人给五万人预备吃的东西，在各个山头上多挂旗帜作为疑兵，命郦食其带着贵重的宝物利诱秦军的将领。"

郦食其是个能言善辩的老手，几乎不费什么力气就说动了峣关守将，同意与刘邦讲和，打算跟刘邦联合一起向西袭击咸阳。刘邦想听从秦将的计划，张良说："这只是峣关的守将想反叛罢了，恐怕部下的士兵们不听从。士兵不从必定带来危害，不如趁他们懈怠时攻打他们。"

刘邦认为张良的意见有道理，率兵攻打秦军，然后追击败军到蓝田，将秦军击溃。刘邦随后继续西进，于十月抵达霸上。

此时，秦二世已被赵高所杀，子婴继位仅四十六天，眼见刘邦兵临城下，大势已去，只得束手就擒。至此，大秦帝国就此灭亡，刘邦因采纳张良之谋，仅用一年时间，便从奉楚怀王之命西进，至迫使子婴投降，比项羽抢先一步进入关中。

对敌人仁慈，无疑是长对方志气，灭自己威风，这种行为无异于轻视自己的力量。

运筹帷幄，终成霸业

楚怀王之前与各路义军约定，谁先进入咸阳谁就是关中王。刘邦先入关中，自然心安理得地当起了关中王，并且在进入关中的险要地方都派兵把守，不让其他诸侯进来。这一举动惹恼了势力庞大的项羽，他气势汹汹地打进关中，向刘邦兴师问罪。

面对项羽的四十万大军，刘邦的十万兵力显得非常渺小，更何况他唯一可以仰赖的地理优势——函谷关已经失守。在霸上一带与项羽展开野战，刘邦几乎没有任何胜算。这可急坏了项羽身边的左尹项伯，他与张良交情深厚，知道张良此时正在刘邦身边，便快马加鞭赶赴刘邦大营，私下与张良见面，劝他离开刘邦。

然而，张良却表现出了任侠精神，对项伯说："我为韩王送沛公，沛公如今有危险，我怎能只顾自己逃命，沦为不义之徒？我必须把情况跟沛公讲明。"

张良进入帐中将情况告诉刘邦，并问："您的士兵能够抵挡得了项羽吗？"刘邦沉默了一会，然后说的确是不如他，那应该怎么办呢？张良说："请您去见一见项伯，跟他说您绝对不会背叛项羽。"

这时刘邦做了一件非常细心的事情，他特地问了张良，项伯和张良之间谁的年纪更大。张良回答说项伯比我更加年长。刘邦则让张良快把项伯给请出来，自己会像对兄长一样待他。

刘邦一向不拘小节，此时却恭恭敬敬地以兄长之礼对待项伯，姿态做尽，甚至与项伯约为儿女亲家，将双方的利益紧紧绑定在一起。

> 我只是来劝张良回家，这刘邦怎么这么热情？

> 这位可是项伯？我的大哥啊！

项羽设下鸿门宴，刘邦带着张良等人前来。席上，范增要项庄舞剑助兴，寻机刺杀刘邦。张良见项庄剑锋逼近刘邦，忙示意项伯与之对舞。随后张良借机令樊哙持剑入帐护卫刘邦，接着又示意刘邦找个借口迅速逃回霸上。

刘邦走后，项羽问："沛公哪里去了？"张良答："沛公不胜酒力，未能面辞，谨使良奉上白玉璧一双，献给将军……"

张良不愧是高级谋士，在形势突变、生死攸关的时刻，应变自如，转危为安，既保全了刘邦的生命，又没有失礼于项羽。

项羽放走了刘邦后，定都彭城，分封了十八路诸侯，把天下弄得七零八乱。刘邦被封为汉王，派去了遥远荒凉的巴蜀之地。张良送刘邦到褒中之地，临别前劝刘邦烧掉入蜀的栈道，以表示自己再也没有回来的打算，这样可以消除项羽的顾虑，还可以让军士们誓死效命自己。

没想到刘邦前脚刚走，后脚韩王成就被项羽杀死，这直接激怒了张良，张良趁着这个时候彻底投奔了刘邦。

楚汉战争初期，刘邦连续吞并了五位诸侯王的兵力，士气正旺之际拥有五十万大军。抓住项羽主力集中攻打田荣的时机，刘邦攻占了楚都。然而，胜利的喜悦让刘邦冲昏头脑，随后在项羽的迅速回援下，汉军遭遇重创，刘邦带领着张良等仅数十骑的亲卫狼狈撤退至下邑。刘邦此时已经心灰意冷，几乎认定大势已去。

关键时刻，张良提出了决定性的下邑之策：首先说服九江王英布倒戈，然后派遣使者联络彭越，并指派韩信北击燕、赵等地，通过内外夹击的策略，彻底改变了楚汉战争的局面。一年后，韩信大破龙驹，消灭了楚军二十万，成功完成了对楚军侧翼的战略包围，为汉军的最终胜利奠定了基础。

后来，在一次战役中，刘邦被项羽射了一箭，身受重伤，他的父母妻儿也被项羽擒拿。于是刘邦派人游说项羽，双方展开了和议谈判。在这场谈判中，双方以原魏国运河鸿沟为界划分疆域。鸿沟以西为刘邦的领地，而鸿沟以东则归项羽管辖。在双方和解的同时，刘邦还要求项羽释放被抓的刘太公和吕雉。

项羽答应了这些条件，归还刘邦的家人，解除了对刘邦的攻势，准备东归回封地彭城。刘邦见项羽东归，也准备领兵西归回关中。

此时张良对刘邦说："汉已据大半天下，诸侯又都归附于汉。而楚军已兵疲粮尽，这正是上天亡楚之时。不如索性趁此机会把它消灭。如果现在放走项羽，这就是养虎为患。"

接着，张良建议刘邦派出各路偏师袭击项羽的敌后，夺取楚国的大片土地，勒紧对项羽的包围圈。比如灌婴出兵淮北，目标直指楚国的首都彭城；英布经略淮南、九江等地，夺取楚国大片领土。其他的将领如刘贾、靳歙等继续在楚军的敌后作战，一步步地勒紧楚军脖子上的绳索。

刘邦听取了张良的意见，撕毁和约，开始了对项羽的战略反击。面对韩信与彭越迟迟不出兵的局面，张良识破了背后的深意，建议刘邦以土地封赏为诱饵，最终促使韩信和彭越出兵参战。五路大军的合围令项羽在垓下无路可逃，落得自尽乌江的悲惨结局。

"取宛城""夺峣关""除项羽"是张良为刘邦谋划的众多谋略中的三次。这三次谋略的共同特点是：对敌人打击要彻底，不能留后患。这是张良谋略的重要特点之一。

俗话说："斩草不除根，春风吹又生。"对待敌人，不能存有侥幸心理，更不能心慈手软，否则"养虎自遗患"，只会祸害无穷。

谋略锦囊

出世涉世，了心尽心

刘邦在历经风雨飘摇的战争岁月后终于登上了帝王的宝座，开创了汉朝的辉煌历史。然而，打天下易，坐天下难，尤其是对如何公平封赏那些为他豁出性命、立下赫赫战功的功臣们，刘邦面临着前所未有的挑战。

这些功臣们平日里或许能够谦让退避，但在封赏面前却寸步不让。他们的功劳都是用生命换来的，岂能轻易让给他人？因此，每当刘邦召开庆功宴，功臣们总是为了功劳的大小而争论不休，甚至拔剑击柱，将好好的宴会搅得一团糟。随着时间的推移，甚至有人开始密谋反叛。

面对这一困境，刘邦忧心忡忡，询问张良该如何应对。张良并没有直接回答，而是反问道："陛下平生最恨，且群臣皆知的人是谁？"刘邦想了想，回答道："恐怕是雍齿了！"原来，雍齿在刘邦起事之初就背叛了他，投靠了魏国，虽然后来雍齿又归降了刘邦，并在楚汉战争中立下不少功劳，但刘邦一直对他耿耿于怀。

张良听后，却给刘邦出了一个奇谋："你必须赶紧封雍齿为侯。如果连陛下最恨的雍齿都封了侯，功臣们必然人心安定！"刘邦一听，认为有理，于是立即将雍齿封为什邡侯，食邑二千五百户。

> 封雍齿为侯，群臣自会安定。

这一举动果然奏效。听说雍齿封侯，功臣们纷纷放下心来，说："连雍齿都封了侯，咱们可以放心了！"刘邦是个聪明人，很会举一反三。在封赏亲信和仇人之后，他又以忠诚为尺度，封赏了忠心于项羽、曾多次痛揍汉军的仇人——季布，同时诛杀了背叛项羽、曾在战场上放过自己一马的恩人——丁固。这一举动无疑向天下释放了一个明确的信号：汉朝以忠诚治天下。

谋略锦囊

人们常说，做事情要将心比心。这其实就是换位思考，站在对方的角度上，想想对方需要什么。想要得到他人的拥戴，不妨想想如果你站在那个位置上，怎样才愿意拥戴你的领袖。如果缺少将心比心的能力，只顾全自己的利益，众叛亲离就不远了。

请出高人，借势保太子

刘邦在东征定陶时遇到了年轻貌美、能歌善舞的戚姬，刘邦一见倾心，收为己有，宠爱有加。戚姬诞下一子后，刘邦取名为如意，后封为赵王。

随着诸子长大，刘邦对太子刘盈的仁弱愈加不满，却对赵王刘如意非常喜爱。这种偏爱的情感逐渐在刘邦心中生根发芽，慢慢产生了废太子的想法。戚姬也依仗着刘邦的宠爱，一哭二闹三上吊，缠着刘邦早些废掉太子刘盈，改立自己的儿子如意。

然而，废太子并非易事，它牵动着朝廷的每一根神经。刘邦准备打群臣一个措手不及，以迅雷不及掩耳之势完成自己的想法。于是，在一次朝会中，刘邦突然提出废掉刘盈，改立刘如意。群臣纷纷反对，特别是时为御史大夫的周昌。

周昌素以直言敢谏著称，但平时说话口吃，尤其在紧张的情况下。刘邦本想利用周昌的口吃打压群臣的气焰，故意点名周昌应答。令刘邦万万没有想到的是，周昌虽然一时无法回答，却在情急之下以非常强势的态度反对。他摆出了一副"废太子不可行，如果真的要废，我坚决不会奉诏"的大无畏精神。刘邦见此情景，只能付之一笑，缓解自己的尴尬。第一次废太子的尝试,只能无奈作罢。

众大臣的反对并没有动摇刘邦废太子的决心,他又把太傅叔孙通叫到宫里,询问他的意见。

叔孙通一听就慌了,改立太子的事就是个送命题,说错了话,站错了队,后患无穷。一个回答不好,就很有可能家破人亡。

可叔孙通想了想,还是劝说刘邦道:"从古到今,陛下您看哪一次废立太子,都会引起朝纲动荡,亲近太子的大臣们会以死相争的,为了国家的安危,陛下还是不要轻言废立的好。"

叔孙通认为自己说的都是至理名言,可刘邦却嗤之以鼻,一心想改立刘如意,于是假装同意,对叔孙通说:"你说得很有道理,我再考虑考虑。"

叔孙通走后,刘邦自言自语道:"叔孙通也是老糊涂了,刘盈懦弱无才,如意才华出众,我是一定要改立太子的!"

这句话被宫里当值的太监听到了，连夜告诉了吕后。吕后再也坐不住了，开始为自己的儿子四处奔走，寻求支持。

吕后的大哥吕泽建议说："留侯张良足智多谋，为什么不去找他拿主意呢？"吕后一听，觉得有理。她知道张良不好请，但情势紧急，不得不用非常手段。于是，她拜托大哥吕泽，就算是强迫，也要从张良那里逼出一个办法来。

张良还真有办法。他说这种事情不能以口舌争，要用巧劲。刘邦贵为天子，有能力招揽天下贤人，但唯独有四位老人怎么都招揽不来。张良建议吕后让太子亲自写一封信，言辞恳切，再用重金厚礼把这四位老先生请出山。也不用他们做什么，只要时常陪在太子身边就好，只等被刘邦看到。

这四位老人家传说在商山隐居，因此被后人合称为"商山四皓"。"皓"是形容他们须发皆白的样子。太子刘盈听从了张良的建议，礼贤下士地写了一封信，派使者带着重金厚礼前往商山请这四位老先生出山。四皓虽然隐居山林，但并非不通世事之人。他们知道太子的诚意和困境，也明白自己出山对太子的重要性。于是，他们接受了太子的邀请，来到了长安。

就这样过了两年，刘邦始终都在处心积虑地要废太子。然而，在一场宴会上，刘邦却注意到了太子身边的四位老人。每一位都有八十多岁了，白胡子、白眉毛，衣冠楚楚，仪表堂堂。刘邦非常好奇，问他们的身份。四皓各报名号，分别是东园公、甪里先生、绮里季、夏黄公。

刘邦大惊失色，他问四皓说："我花了好几年工夫请你们，你们一直躲着我，但现在怎么跟我儿子在一起了？"四皓回答说："陛下看不起士人，我们受不得这种羞辱，所以隐居不见。但听说太子为人仁孝，礼贤下士，我们才会出山追随在太子身边。"

刘邦听后无话可说，只能答一句："那就麻烦几位好好调教太子吧。"四皓向刘邦敬过了酒，转身离去。刘邦目送着他们的背影，心中感慨万千。他召来戚夫人，指点四皓给她看，并说了一句丧气话："我虽然想废太子，但有这四个人在，太子羽翼已成，连我都奈何他不得了。吕后将来要做你的主人了啊。"

这场废太子的闹剧就这样尘埃落定。戚夫人泣不成声，她知道自己和儿子的命运已经无法改变。刘邦见状心中也是五味杂陈，他安慰戚夫人说："为我跳一支楚地的舞蹈吧，我为你唱一首楚歌。"歌中唱的是："鸿鹄高飞，一举千里。羽翼已就，横绝四海。横绝四海，当可奈何。虽有矰缴，尚安所施。"歌词的含义很明确：太子翅膀硬了，刘邦即便手握皇权，也没办法废掉他了。

谋略锦囊

名望和荣誉是看不见摸不着的，但在有些时候，确实能转化成力量。张良知道刘邦已经认定的事，光靠三寸不烂之舌争论根本不行，要从其他角度突破，商山四皓作为在秦朝时就很出名的贤士，具有很强的政治光环，从而让刘邦知难而退，打消废立太子的念头。

第五章 贾诩

鬼神莫测有奇谋,但求实用,莫论手段。

·人物档案·

姓名	贾诩	性别: 男
		生卒年份: 公元 147 年—公元 223 年
时代: 东汉、三国时期		籍贯: 武威姑臧（今甘肃武威）
性格特点: 深沉内敛，智谋过人，善于应变，明哲保身。

个人简介: 贾诩，字文和，东汉末年至三国时期著名的政治家与军事谋士。初为董卓部下，后转投李傕、郭汜，助其反攻长安，成为一方诸侯的谋主。在乱世中，贾诩以其卓越的智谋和应变能力，多次化险为夷，为主公立下赫赫战功。后归顺曹操，成为其重要谋士之一，参与多场重大战役的策划与实施。贾诩深谙明哲保身之道，是三国时期少数几位得以善终的谋士之一。

·大事年表·

- **出生**: 约公元 147 年，生于甘肃武威。
- **早年**: 少年入仕，因病归乡，入董卓门下。
- **公元 189 年—公元 192 年**: 董卓死后与李傕、郭汜反攻长安。
- **公元 196 年左右**: 改投段煨，后转投张绣，大败曹操。
- **公元 200 年**: 投降曹操，成为其重要谋士。
- **公元 220 年**: 拥戴曹丕有功，被封为太尉。
- **逝世**: 公元 223 年，谥号肃侯。

急中生智，借势脱险

贾诩，武威郡姑臧县人。贾家并非寻常之家，贾诩的父亲贾龚曾任轻骑将军，镇守武威，先祖更是西汉文坛巨匠贾谊。出身名门的贾诩自幼便展现出超凡的智慧，当地名士阎忠曾赞誉他拥有张良、陈平般的智谋，此二人是西汉开国元勋。此言一出，贾诩之名不胫而走。

少年时，贾诩因才华出众被征为郎官，步入仕途。然而，命运似乎总爱与他开玩笑，不久之后，一场突如其来的疾病迫使他辞官归乡。归途之中，一场危机考验了他的智慧与胆识——他遭遇了叛乱的氐人。在那个时代，汉人与氐人之间的仇恨深重，氐人对待汉人往往是格杀勿论。贾诩的同行者十余人皆惨遭毒手，唯有贾诩，在生死存亡之际，展现出惊人的冷静与智慧。

"我是凉州名将段颎的外孙！如果你们不杀我，我家人将会出重金来把我赎回。如果你们杀了我，我的外公会很生气，后果自然也会很严重。"

> 且慢！吾乃凉州名将段颎之外孙！

贾诩当然不是段颎的外孙，他们甚至连亲戚都不是。但是，贾诩的这一席话还真就把这些没见过世面的氐人给唬住了。原因无他，实在是段颎在凉州一带实在太有名了。

段颎是西域都护段会宗之从曾孙，与皇甫规、张奂并称"凉州三明"，战功赫赫，威震四方。尽管贾诩与段颎并无任何血缘关系，但这并不妨碍他利用段颎的威名上演一场"拉大旗作虎皮"的好戏。

结果，氐人非但没杀贾诩，还派人把他给护送了回去。

谋略锦囊

贾诩的这番话是一场心理战的胜利，他凭借对局势的精准判断和对人心的深刻洞察，成功镇住了这些氐人，保全了自己的性命，安全返回家乡。而其他同行者，却因缺乏这份智慧与勇气，不幸遇难。

善引导，寥寥数语扭转局面

贾诩因病辞官，回老家后很快便成了西北军头董卓麾下的一员，更具体地说，他直接辅助的是董卓的女婿——牛辅。

此时的东汉帝国已经走向了穷途末路，先有席卷天下的黄巾起义，后有祸乱宫闱的十常侍之乱，大汉王朝乱成了一锅粥。

打着勤王除乱的旗号，凉州军趁机入主洛阳，军头董卓摇身一变成了相国。贾诩则辅助牛辅驻扎在陕州（今三门峡陕州区），把守着进出关中的门户。

这锅粥，咱们怎么熬？

东汉初平三年（192），吕布与司徒王允等大臣合谋杀死董卓。凉州军瞬间陷入了群龙无首的局面，段煨、胡轸、徐荣都选择了投降东汉朝廷，还有一批西北军残余势力不肯投降，李傕、郭汜就成了这支西北军的最高领导。

偏偏这个时候司徒王允犯糊涂——他居然下令不再接受西北军的投降！这一命令，无疑将凉州军的残余势力推向了绝路。

在生死存亡的关头，李傕、郭汜等人惶惶然就想逃回西北。这时候，贾诩献出一计，他说："现在传言朝廷打算把咱们凉州人全部杀光，你们若是丢下队伍单独逃跑，地方上一个亭长就能把你们抓住。不如带兵攻打长安，为董公（董卓）报仇。如果赢了，则可以夺取天下大权，如果输了，再往西逃回凉州也不晚。"

李傕、郭汜等人听从了贾诩的建议，起兵造反，进攻长安。一路上他们会合了其他董卓旧部，打败了朝廷镇压的兵马，等到长安城下时，已经拥有十余万人。十天后，长安城破，王允被杀，吕布逃走。

刚刚稳定下来的长安城再一次惨遭兵火洗礼，一片血雨腥风过后，长安城内官吏和百姓的死伤高达万人。这便是李郭之乱！

一盘散沙成就不了任何事业，只有通过某种手段将其捏紧在一起，才能变得坚硬起来。一支队伍失去了领袖，失去了目标，那就距离散伙不远了。此时，只有通过引导，给他们一个目标，才能继续保持战斗力，才有寻找更好未来的可能性。

谋略锦囊

将格局打开，
把天赋带到该去的地方

初入长安时，李傕、郭汜等人想封贾诩为侯以表谢意，贾诩却说，那只是保命的主意，有什么功劳可言！他不但拒绝了李傕、郭汜等人给他封侯，还以自己名望不足为由拒绝了尚书仆射官位，最终只接受了主管选举百官的尚书一职。

伴随李傕等人掌权，原本在王允管理下稍微恢复的东汉朝廷再度崩塌，甚至比董卓之乱时还要严重。董卓虽然是个蛮横的土霸王，但好歹还要装一装礼贤下士的样子，对于肯依附自己的文臣名士如王允、杨彪、蔡邕等人还是挺客气的，也能够镇得住手下那帮骄兵悍将，勉强维持朝廷秩序。而李傕、郭汜等人进京后，由于董卓的前车之鉴，他们对文臣不再客气，几大军头彼此之间相互勾心斗角，朝廷更乱得没谱了。

此时，历经折腾的贾诩已经心灰意冷。他深知，在这乱世之中，仅凭一己之力难以改变大局，选择辞官而去，准备远离漩涡的中心，寻找一个能够真正施展自己才华的舞台。

贾诩带着家人投奔到了老朋友段煨的麾下。他们本是凉州军的老相识，然而，段煨对贾诩却既尊重又害怕。因为他深知贾诩的谋略水平远高于自己，这样的智者，既是助力，也是潜在的威胁。于是，段煨对贾诩既尊重又疏远，这种处处提防的做派，贾诩岂能看不出来？

> 段煨这小子防我如防贼，还是投奔张绣吧！

正在贾诩犹豫之时，张绣向他抛出了橄榄枝。张绣是西北军头张济的侄子，凭军功升为建忠将军，封宣威侯。后来，张济因军队缺粮而进攻刘表的穰城，中流矢而死。张济死后，张绣接过了叔叔的部队，却面临着种种困境。在贾诩的眼中，张绣是一个值得投资的对象。因为，他看到了张绣身上的潜力。

当时有人问贾诩，段煨待你不薄，你就这么走了，就不怕他生气吗？

贾诩解释说，段煨这个人生性多疑，待我虽然很好，可心里却对我有忌惮，我在他这不能待太久，不然早晚被他算计。我离开他去张绣那儿，等于给他找了个外援，他一定会善待我的家人。

后来贾诩去了南阳之后，段煨果然善待了他的家人。

在张绣阵营中，贾诩不仅被奉为首席智囊，还被辈分低了一级的张绣当成叔叔("执子孙礼")。张济死后,刘表对惹到这帮生猛的凉州兵后悔不已,主动向张绣递出橄榄枝,表示张济的死完全是意外。

那么摆在张绣面前的问题便是战与和的问题。

就在这个节骨眼上,贾诩力劝张绣拿到军粮见好就收。于是,张绣和仇人刘表化干戈为玉帛,结成了联盟,张绣站稳了脚跟。

贾诩在张绣军中安身之际,朝廷争夺战也落下帷幕,兖州牧曹操利用各路对手的矛盾,驱虎吞狼,最终迁都于许昌,把汉献帝掌握在自己手中,挟天子以令诸侯。建安二年(197)春,曹操带兵南下宛城,进攻张绣。张绣虽然勇悍,势力也成气候,可与曹操相比还是相形见绌,贾诩自然也是认为张绣必败,所以建议其先行假意投降,再谋后路。

曹操的得意忘形,让他做出了强占张济遗孀的愚蠢举动。这一行为彻底激怒了张绣,也让贾诩看到了反击的机会。他再次向张绣献策,让张绣麻痹曹操,然后趁机反击。这一计策让曹操损失惨重,长子曹昂、侄子曹安民都死于乱军之中。如果不是勇将典韦舍命断后,连曹操自己都难以脱身。

建安三年(198),曹操再次征伐张绣。在张绣、刘表的联合抗击下,曹操并没有占到太大便宜。就在双方僵持之际,曹操听闻袁绍要抄自己的后路,只好匆忙退兵。就在曹操退兵之际,贾诩再次展现了他的神机妙算。

他告诉张绣,不要急于追击,因为曹操一定会留下后手。当张绣不听劝告,强行追击并遭遇失败后,贾诩却又告诉他,现在可以追击了,因为曹操已经放松了警惕。果然,张绣的这次追击大获全胜。

当问及原因时,贾诩只是淡淡一笑:"这事并不复杂,曹操是用兵的高手，他退兵一定会留下后手，第一次追击肯定会失败。但经过这么一次之后，他就会放松警惕。此时再去追击，肯定能赢。"

建安四年（199）秋天，曹操和袁绍剑拔弩张，决战一触即发，两人都在拼命拉拢盟友。袁绍派人招揽张绣，还专门给贾诩写信。张绣想到自己跟曹操有杀子之仇，想要加入袁绍一边。而贾诩早已经断定了曹袁之争的最终结果，力劝张绣向曹操投降。他给出的理由非常充分，首先就是袁绍麾下的谋臣猛将众多，投奔袁绍肯定也无法得到重用，不如投奔曹操，帮助曹操击败袁绍，后续方可得到封赏和倚重。其次是曹操挟天子以令诸侯，出师有名，谙合礼法，符合得道多助失道寡助之理，最终取胜也是必然的结果。最后，曹操有霸王之志，一定会捐弃私仇，向天下显示自己的品德胸襟。

在贾诩劝说下，张绣选择归顺曹操。自此，跌宕多年的贾诩终于找到稳固立足之地。他远离西凉乱军，紧紧跟随曹操，在朝堂中渐渐崭露头角。凭着过人的谋略与决策能力，贾诩很快便跻身曹操心腹之列。

贾诩的一生，就是一场关于智慧与选择的华丽篇章。他始终坚信"将格局打开，把天赋带到该去的地方"这一信条，用自己的智慧和谋略在乱世之中书写了一段属于自己的传奇。

谋略锦囊

洞悉人心，离间对手解危机

在此后的岁月里，贾诩几乎参与了曹操所有重大军事行动。曹操和袁绍官渡对峙的时候，贾诩作为曹操的军师全程参与。曹操快要支撑不下去的时候，他找贾诩问计，贾诩让曹操再坚持坚持，并且对曹操说战局很快就会出现转机。事情果然如贾诩所料，曹操等到了许攸来投，获得了官渡之战的胜利。

赤壁之战时，贾诩曾劝谏曹操稳扎稳打，不要冒进。然而被官渡之战的胜利冲昏了头脑的曹操最终选择以绝对优势强攻，结果大军溃败。曹操在还师北归的路上，更是数次感叹，不听贾诩之言才导致大败。

赤壁之战之后，曹操无力南征，于是把重心放在了西凉一地，马超以及韩遂等人则是集结了大量的西凉军在潼关联合抵抗曹操。

马超是羌族的大将，勇猛善战，因父亲马腾被曹操所杀，他带领凉州军队起兵反曹。韩遂则是与马超联手的凉州老将，经历过多年战斗，有一定的声望。两人联合了西凉众将，形成了一支相当强大的军队。

建安十六年（211）七月，曹操亲征，面对精锐的西凉精兵，他并未急于求战，而是一边行军，一边对这些年为其总督关中的钟繇给予了高度评价。钟繇在乱世中临危受命，逐步恢复了洛阳的生机，为曹操的西征提供了坚实的后盾。曹操的豫西通道,正是得益于钟繇的治理,才能承担起大军的沿途给养。

> 钟先生的后勤保障,真是杠杠的!

> 主公过奖了,咱们稳住后方,前线才能放开手脚。

曹操来到潼关,见关中军阀增援而来,非但不忧,反而大喜。他明白,关中地势险要,若敌人各自据险自守,自己将陷入被动。而今敌人主动集结,正是一举歼灭的最佳时机。

然而,即便是曹操也有失算之时。他本想虚晃一枪,从豫西通道改道豫北通道进关,却在执行战术时险些丧命。马超的突然追击让曹操措手不及,若非张郃等人及时相救,恐怕历史将改写。

这时,贾诩建议曹操不要急于正面作战,而是从心理上瓦解敌人的联盟。贾诩看到马超和韩遂虽然协同作战,但二人关系并不牢固,尤其是韩遂年老多疑,而马超年轻气盛,容易被挑拨。贾诩认为只要离间他们,联盟必然瓦解。

贾诩的计策十分简单却高效,具体操作是:在两军交战的阵前,曹操故意约韩遂单独会面,两人谈笑风生,旁若无人。尽管曹操与韩遂说的都是一些陈芝麻烂谷子的小事,可由于距离较远,马超听不清两人的对话内容，内心不禁起疑。

贾诩还让曹操给韩遂写了一封奇怪的信，信的内容本没有什么猛料，但在很多地方都有涂改的痕迹。面对马超的质问，韩遂表示这信本来就是涂改后送来的。这一回答使马超的猜忌之心更重了，从而导致关中联军从此难以互相信任。

马超对韩遂的态度开始变得冷淡，甚至在军事会议上与韩遂针锋相对，双方的嫌隙越来越大，直至公开冲突，导致西凉军的作战计划混乱，协同作战的能力也大幅下降。

曹操抓住了这个机会，趁两人矛盾公开化，亲率大军发起了猛烈的攻击。由于马超和韩遂之间的裂痕，西凉军内部出现了动摇，无法像之前那样齐心协力抵御曹操的进攻。曹操的军队乘胜追击，最终打败了这支强大的联军。

马超和韩遂的联盟在贾诩的离间计之下彻底瓦解。韩遂被迫逃亡，而马超也失去了西凉军的支持，尽管他后来依然有勇敢的表现，但此时已经无力回天。曹操凭借贾诩的计策，成功解除了来自西凉的巨大威胁，为自己巩固了在北方的统治。

谋略锦囊

这一战，贾诩不仅展现了其军事才能，更体现了其深邃的谋略与对人性的深刻洞察。难啃的硬骨头，也不代表没有其他拿下的办法。他知己知彼，利用对手的弱点，制造矛盾，分化瓦解，最终取得了胜利。

深谋远虑，方能安身立命

每一个诸侯的崛起都伴随着无数的刀光剑影与权谋机变，而当这些霸主们逐渐老去，一个新的烦恼便如影随形地笼罩在他们的心头——储君人选。这不仅仅是家族内部的权力更迭，更是关乎国家未来走向的生死抉择。曹操也同样面临着这样的困扰。

建安二十一年（216），曹操被封为魏王。为了争夺魏王世子的位置，曹操的两个儿子曹丕、曹植明争暗斗，互不相让。曹植以其超凡的文学才能一度赢得了曹操的青睐，似乎储君之位触手可及。然而，曹丕并未就此放弃，他深知在这场储君之争中，仅凭才华是不够的，更需要策略与手段。于是，他秘密求计于深谙权谋的老臣——贾诩。

贾诩对曹丕说："听我的，扳倒你弟弟不难。你只需要弘扬道德，培养气度，勤勤恳恳地履行士人的责任和义务，不做违背孝道之事，自然能得到魏王的认可。"

曹丕听后如梦初醒，他开始努力地磨炼自己，不仅在品行上力求完美，更在政务上展现出非凡的能力。这一系列的努力，逐渐让曹操对他刮目相看，心中的天平也开始悄悄倾斜。

然而，曹操心中仍在犹豫。一日，他召见贾诩，询问其对储君之事的看法。贾诩却沉默不语，只是淡淡地说："我在想袁绍和刘表的故事。"这句话如同一把钥匙，打开了曹操的心结。袁绍与刘表皆因废长立幼，导致家族内乱，最终为曹操所灭。贾诩的沉默实际上是一种最高明的回答，他让曹操自己悟出答案。

曹操听了贾诩的话哈哈一笑，从此不再纠结，下定决心立曹丕为继承人。

黄初元年（220），汉献帝刘协退位，曹丕顺利继位，成为魏文帝。这一刻，贾诩的智谋得到了最完美的回报。曹丕没有忘记贾诩的指点之恩，给予他极高的荣誉和丰厚的赏赐，拜其为太尉，晋爵魏寿乡侯，增食邑三百，前后共八百户。贾诩的家族也因此受益匪浅，其子贾访被封为列侯，长子贾穆则成为驸马都尉。

贾诩之所以暗中帮助曹丕，并非出于个人情感的偏好，而是基于对曹魏政权稳定的考虑。他深知，只有在权力继承稳定的情况下，自己的利益才能得到保障。因此，当曹丕继位，一切尘埃落定之后，贾诩便迅速远离所有的政治博弈，回归到了平静的生活之中。

晚年的贾诩虽然身居高位，但深谙明哲保身之道。他很少参与曹魏阵营的大事，宁愿当个透明人，以避免不必要的猜忌。他每天只专心于读书写作，享受着宁静的晚年生活。黄初四年（223），这位一代谋略大师在平静中与世长辞，谥号肃侯，成为三国中为数不多的善终谋臣。

临终前，贾诩告诫后代不要与曹家人走得太近，意在提醒他们不要在政治上站队，只需做好自己的本职工作即可。这一明智的建议再次证明了贾诩的远见卓识。二十多年后，司马懿发动高平陵之变，与曹家有关的人被屠戮了五千多人，而贾家因为与曹家保持了一定的距离，得以远离这场危机，延续了家族的繁荣。

贾诩的智谋与远见，不仅帮助曹丕成功扳倒了弟弟曹植，登上了帝位，更为自己的家族铺设了一条长远的安身立命之道。

前车之鉴，后事之师，面对与自己身份、地位、境遇类似的人遭遇了失败，脑海中也会情不自禁出现自己失败的画面。劝说他人的时候，不妨找一些真实的例子，告诉对方自己的经验。即便不能扭转对方的想法，也能让对方小心谨慎地行事。

第六章

王猛

前秦首席策划师,先生不逝,扭转历史

· 人物档案 ·

姓名	王猛	性别: 男
		生卒年份: 公元 325 年—公元 375 年
时代: 东晋、前秦		籍贯: 北海剧县（今山东寿光）
性格特点: 深沉智慧，刚毅果断，勤勉忠诚		

个人简介：王猛，字景略，东晋十六国时期前秦的著名政治家、军事家与谋士。他出身贫寒，却胸怀大志，勤学不倦。起初隐居华阴山，后被前秦皇帝苻坚召用，任丞相。他推行改革，整顿吏治，使前秦国力大增。王猛的智慧和果断为前秦的统一事业奠定了坚实基础，被誉为"前秦良相"。

· 大事年表 ·

出生：
· 公元 325 年，生于山东寿光。

早年：
· 相遇桓温，话不投机，隐居华阴山。

公元 357 年：
· 苻坚称帝，担任中书侍郎。

公元 359 年：
· 位列三公，整顿吏治，严明法纪。

公元 366 年—公元 370 年：
· 辅佐苻坚荡平西陲，歼灭前燕。

逝世：
· 公元 375 年，谥号武侯。

诀别桓温：选择决定命运

东晋太宁三年（325），在青州北海郡剧县（今山东省寿光市），一个贫困的家庭中诞生了一个婴儿，这个孩子便是后来的王猛。在王猛出生的两年前，石勒建立的后赵政权已经攻破了青州，三万东晋降卒惨遭屠戮。等到王猛出生之时，后赵的势力已然席卷中原，兵锋直逼南方，与东晋在淮河一带对峙。整个天下陷入了战乱之中，百姓流离失所，生活困苦不堪。

王猛的童年充满了动荡与艰辛。由于家境贫寒，王猛不得不早早开始谋生，靠贩卖畚箕养家糊口。

不甘心平平淡淡度过一生的王猛，决心刻苦学习，以彻底改变贫穷落后的人生。身处兵荒马乱中的他，经常手不释卷，苦心读书，他特别喜欢学习军事谋略，希望将来得遇明主，建功立业。一次，他为了生计远赴洛阳卖货，途中遇到一位神秘的买家，对方说自己身上没有带钱，让王猛与他一起回家取钱。

王猛跟随这位买家来到一座大山的深处，见到一位白发苍苍、身边有侍者环绕的老者。王猛恭敬地对着老者行了一礼，不料老者却急忙说道："王公，您怎么能拜我呢！"随后，老者以超过正常价格十倍之多的钱买下了王猛的畚箕，并派人护送他下山。当王猛走出山谷后回头再看，才意识到自己刚才竟然置身于嵩山的深处。

王公，您怎么好拜我呀！

时间匆匆而过，王猛已经二十五岁，北方的局势却更加混乱不安，战火纷飞，政权更迭不断。东晋永和五年（349），后赵的暴君石虎去世，其继承者们为争夺皇位展开了激烈的斗争，在短短一年内帝位更换了三次。同时，关中一带的各方势力各自割据，北方各地群雄并起，局势一片混乱。在这乱世之中，氐族首领苻健乘机占领了关中，建立前秦。各地局势风云变幻，充满了不安和动荡。

东晋永和十年（354），东晋荆州镇将桓温率军北伐，并在霸上（今陕西西安）驻军。听闻此事后，王猛穿着粗布短衣，径直前往桓温的大营求见。

桓温见到王猛，便请他谈谈对当前的局势看法。王猛气定神闲地站在众人面前，边从容地抓着身上的虱子，边侃侃而谈，分析天下大势。桓温感到惊讶，忍不住问道："我奉天子之命，率领十万精兵讨伐逆贼，为何关中的豪杰们没有一个人前来慰劳我呢？"

王猛毫不犹豫地回答："您远征北方，长安就在眼前，却迟迟不进攻。大家看不清您的真实意图，所以不敢靠近。"事实上，桓温的打算是如果他收复了关中，只能获得虚名，实际控制权终究会回到朝廷手中，与其如此还不如保持现状，维持和朝廷谈判的筹码。王猛的话正中桓温心思，让他一时语塞，久久说不出话来。

沉默了许久之后，桓温终于开口："江东之地，没有人能与你相提并论！"原本桓温计划等到麦子成熟后筹集粮草，但前秦军早已施行坚壁清野之策，割尽了所有麦苗。军中缺粮，士气低落，加之白鹿原一战失利，桓温不得不下令撤军。

桓温即将撤军的时候，赏赐给王猛车马，授予他高官督护的官职，请他和自己一起到南方去。可是，王猛却选择告别桓温，继续隐居读书，等待真正的明主出现。这个决定，不仅是对时局的洞察，更是对自己内心的坚守。他深知，选择决定命运，而他已做好了准备，迎接未来的风云变幻。

一个机会就能改变人的一生，但是，危机往往伪装成机会的样子，不时出现在你的人生里。因此，面对机会，需要学会辨别真假，看清其到底是危机还是真正的机会，做出正确的选择。要知道，可能某个选择，就是你命运的转折点。

谋略锦囊

理乱邦，应用重法

前秦皇始五年（355），苻健去世，前秦政局骤然动荡不安。接替苻健的苻生为人残暴无道，以折磨百姓为乐，朝廷上下人人自危。在这种混乱的局势下，苻健的侄子苻坚深感忧虑，决心除掉这个暴君，以挽救前秦的命运。

苻坚虽然出身氐族，却对汉族文化充满向往。他少年时拜汉族学者为师，研读经典典籍，很快就在氐族贵族中脱颖而出。眼见前秦面临内忧外患的困局，他向尚书吕婆楼寻求建议，吕婆楼毫不犹豫地向他推荐了智者王猛。

苻坚立刻派吕婆楼邀请王猛出山。王猛心里非常清楚，只有有胆识和智慧的君主才能挽救当前的局势，而苻坚正是这样的人。看到机会来临，王猛毫不迟疑地接受了邀请。

王猛与苻坚两人一见如故，相谈甚欢，仿佛多年的知己重逢。苻坚内心非常激动，终于找到了自己理想的谋士，就像刘备找到了诸葛亮一样。从那以后，王猛留在苻坚身边，为他出谋划策，共同商讨如何除掉苻生、整顿前秦的计划。

前秦寿光三年（357），苻坚果断铲除苻生及其党羽，自立为大秦天王，改年号为永兴，任命王猛为中书侍郎，负责军政事务。

没多久，苻坚将王猛派往始平县担任县令。始平县是京城的西北要道，地理位置十分关键，但多年来却成了豪强横行的地盘，盗匪猖獗，民不聊生。

王猛到任后不畏强暴，执法严明，鞭杀了一名为非作歹的县吏，惹怒了氐族豪强，他们联名上书诬告王猛滥杀无辜百姓。上司偏袒氐族豪强，将王猛押解还京，投入监狱。

苻坚亲自提审王猛，责问道："为政之体，德化为先，你到任不久就大行杀戮，太残酷了吧！"王猛不卑不亢地说："我听说过这样的道理，治安定之国可以用礼，理混乱之邦必须用法。陛下信任我，让我担任难治之地的长官，臣一心一意要为明君铲除凶暴奸猾之徒。才杀掉一个奸贼，无法无天的恶人还多的是。如果我不能除尽残暴，肃清枉法者，那就是辜负了您的信任，甘愿受到严惩。至于您说的'为政残酷'的罪名，臣实在不敢接受。"苻坚顿时醒悟过来，原来一味实行德政行不通，当即下令赦免王猛，并对他更加信任。

王猛在惩恶的同时，还举荐了很多人才。苻融，为人聪辩明慧，文武出众，善断疑狱，见识远大。苻融曾经因为一个小过错而惴惴不安，王猛赦而不问，信任如初。苻融后来任征南大将军、录尚书事，封阳平公。王猛还创立了荐举赏罚制度和官吏考核新标准，并兴办教育，培养人才。在王猛的主持下，兴利除弊，为前秦政坛带来了一派崭新气象。史载，当时前秦境内安定清平，物阜民丰。

在始平县树立了威信的王猛，回朝任职中书令，兼领京兆尹，负责京城周边治安。比起小小的始平县，历朝历代的京城都是权力盘根错节的地方，豪强贵戚往往直通帝王，最难治理。

王猛到任后，采用"擒贼先擒王"的思路，将京师附近为非作歹的头号豪强抓了起来。此人正是前秦强太后的亲弟弟强德。

对内，强德是前秦国舅，典型的皇亲国戚；对外，强德鱼肉乡里、欺压百姓。若按照一般官员的性格，强德即便被抓起来，治罪上也多有考量。

然而，王猛不管三七二十一，先斩后奏，在未等来明确圣旨之前，京城首恶强德已身首异处。

此举令苻坚颇为尴尬，可王猛毫无顾忌地打击不法豪强和贵族，又在一定程度上强化和巩固了前秦的中央集权，同时让治下地区摆脱了动荡不安的局面。

然而，他的快速崛起也引起了朝中皇亲贵族和旧臣的嫉妒与敌视，这些人利用各种手段对他进行攻击和诬陷。

面对这些攻击，王猛并未畏惧退缩。想在乱局中维持正义，必须采取强硬手段。他毫不客气地指责权臣樊世无视天子的威严。樊世气急败坏，想要当场攻击王猛，被侍从阻止后仍然恶语相加。苻坚看穿了樊世的企图，果断下令处死了樊世，以示整肃朝纲的决心。

不久，反对者对王猛的攻击逐渐转入暗处，但苻坚依然坚定支持王猛。他果断清除那些在背后散布谣言、诋毁王猛的官员，甚至在朝堂上公开鞭打和惩罚造谣的氐族贵族，这种强硬姿态让反对派再不敢轻举妄动。

由于前秦是氐族建立的国家，其国内存在着氐汉之间的矛盾，也存在着氐族与其他少数民族的矛盾。王猛作为汉人而能尽忠于前秦政权，与苻坚君臣友好相处，形同兄弟，为氐汉两族的团结做出了很好的榜样。使得前秦废除了胡汉分治之法，确立了"黎元（百姓）应抚，夷狄应和"的基本国策，各族人虽杂居，但能互相融合。

乱世用重典，这是古代统治者们总结出的指导性原则。当局势陷入混乱的时候，慢条斯理地去梳理脉络，解开一个个疙瘩，的确是更"稳"的选择。但是，时间够吗？混乱造成的后果是无法估量的，只有迅速扫平局面才是最好的选择。因为你不知道事态会如何发展，发展速度是怎样的。慢条斯理地去解决混乱的局面，很有可能遭遇意外的危机。

先救后取，以正合，以奇胜

苻坚夺取大权时，前秦正面临着前所未有的挑战。北有鲜卑拓跋氏的代政权；西有张氏前凉、氐族仇池以及吐谷浑军事集团；东有前燕鲜卑慕容氏政权；南则有东晋司马氏政权虎视眈眈。在这纷繁复杂的局势中，苻坚与王猛并未选择偏安一隅，而是胸怀壮志，誓要统一北方，为将来的一统天下奠定基石。

王猛以其深邃的战略眼光和卓越的军事才能，成为苻坚扫荡群雄道路上的得力助手。他提出的"先救后取"之计，便是以正合、以奇胜的典范。

当时，前燕快速扩张，夺取了东晋洛阳一带的城池，桓温因此北伐前燕。

桓温的五万大军，浩浩荡荡，攻城拔寨，锐不可当，接连击败妄图阻止其前进的前燕军队。

很快，桓温大军进占军事要地枋头（今河南鹤壁），距离前燕的国都不过几十里之遥。

这时，前燕君臣栖栖遑遑，乱作一团，随时准备弃城跑路，回归老巢辽东。燕主慕容暐向前秦求救，给出的条件是割虎牢（今河南荥阳）以西之地给前秦。王猛敏锐地察觉到这是一个千载难逢的机会，力劝苻坚出兵救前燕，共同抵御晋军，再乘前燕衰颓之际取而代之。这一计策，既符合道义，又暗含机巧，既展现了前秦的大义凛然，又巧妙地布局了未来的棋局。最终，秦燕联军大败晋兵，为前秦赢得了宝贵的战略空间和时间。

> 这个军师，简直是我的宝藏啊！

> 大王，咱们先救后取，先灭晋军，再取燕国，双倍快乐！

前燕得救之后，前秦派人索地，前燕认为秦燕是邻居，邻居有难，前秦派兵相救是应该的，怎么能索要酬劳，因此拒绝割地。苻坚大怒，于建元六年（370）以前燕不信守承诺为由，由王猛统帅三万大军攻打洛阳和荥阳。当时驻守洛阳的是武威王慕容筑，凭借其坚固的城防死守，乐安王慕容臧则率领精兵十万驰援洛阳。

王猛派梁成等率领精锐士兵一万人，轻装兼程奔袭，在石门大败慕容臧军，随后，王猛没有对洛阳直接强攻，而是展开了攻心战。他派遣使者向慕容筑送去书信，信中列举了前燕的种种弊端，并说前燕不可能再派援军了，慕容筑若投降则可保全性命与官职。其实王猛对于能不能快速地拿下洛阳也是心里没底的，但是两军对垒，比拼的就是心理素质，显然这个慕容筑更脆弱，看到王猛的信之后就举城投降了，王猛没费吹灰之力就拿下了洛阳。

接下来，梁成又在荥阳打败慕容臧，慕容臧退军新乐（今河南新乡）。这样双方实际上就形成了对峙，王猛留下邓羌镇守金墉（今河南洛阳东北），自己整顿军队返回长安。做出的姿态似乎就是仅在于夺取慕容暐之前答应的割让之地。

王猛从第一次战斗中发现前燕虽然看似兵多将广，但是内部非常不稳定，抵抗的意志很薄弱，认为应该乘胜追击。三个月之后，王猛率军六万，兵出关中，再度攻伐前燕。

大军出征前，苻坚亲自为王猛送行，并告诉王猛，关东的事情就全部托付给王猛，由他统一号令，而后勤的事情由苻坚亲自负责，让王猛不用担心，只管直捣前燕的都城邺城就好。从中可以看出，苻坚与王猛君臣之间的关系是彼此信任，愿意以生命相托的。也正是基于这种信任，王猛才能在前线放开手脚，大杀四方。

战争开始后，王猛亲率主力军队攻打壶关，令杨安率一部兵力攻打晋阳，以掩护主力军队。前秦军队轻松攻下了壶关，但是晋阳攻势受挫，王猛即刻率军驰援。王猛命人挖掘地道潜入城中，以此夺下晋阳城，至此前秦军已经巩固了由河东之地进攻前燕的大后方。面对如此局势，慕容暐急忙令慕容评率三十万大军抵御王猛。慕容评在潞川遭遇了前秦主力。慕容评认为王猛孤军深入前燕境，后勤必定跟不上，因此坚守不战，想要与王猛在潞川长期对峙。

如果慕容评坚守不战，那么王猛在兵力处于劣势的情况下去攻打前燕坚守的营寨，显然是不会得到什么好果子吃的，一旦战事陷入僵局，前秦必然出现后勤补给问题，那样的话，无论是战还是退都对前秦军不利。

为此王猛想出了一举两得的策略，那就是派遣偏师偷袭慕容评的后路，焚烧了前燕军后方的粮草，火势之大，连邺城都看到了。王猛此举吓坏了邺城内的慕容暐，因为前秦军可以绕过前燕军主力焚毁粮草辎重，那么也能证明前秦兵可以派军直接攻打邺城。于是，慕容暐拼命催促慕容评出战。

慕容评迫于无奈，与王猛在潞川大战。由于慕容评为人贪婪，只知聚敛钱财而不知体恤将士，使得士卒怨声载道，战斗力大为下降，加上前秦将领邓羌勇猛，在敌军阵中四进四出，最终前燕惨败，慕容评落荒而逃。王猛乘胜追击，直逼邺城。慕容暐见大军惨败，于是放弃邺城，逃往辽东。王猛攻克邺城后派人追击慕容暐。不久慕容暐被俘，前燕灭亡。

王猛在占领邺城后，号令严明，官兵无人敢犯百姓，法简政宽，赢得了前燕臣民的信任。

在王猛的辅佐下，苻坚得以腾出手来解决残存于西南等地的割据势力。宗室名将苻雅成功消灭仇池国，吐谷浑也在其强大武力的威慑下归附称臣，进一步孤立了前凉的势力。

谋略锦囊

从古至今，所有的智谋之士做事都是讲究奇正相合的。正，意味着将己方手中的资源发挥到极致，在正面战场上站得住脚，不会吃亏。而奇，则有四两拨千斤的功效。一旦机会出现，便出其不意，以他人难以察觉的角度发动攻击，以最小的代价获取最大的利益。

巧施"金刀计"，
智斗慕容垂

就在王猛第一次攻打前燕的时候，一个劲爆的消息在前秦都城长安炸开：之前刚随父亲慕容垂逃出前燕、投靠苻坚的慕容令，在随军征前燕时又逃归前燕了！

慕容垂是谁？他为什么要投靠苻坚？他的儿子为什么要叛逃？

这一切都要从东晋桓温北伐前燕说起。

东晋太和四年（369），东晋大司马桓温率步骑共五万大军，从姑孰（今安徽当涂）出发，开始了他人生中第三次也是最后一次北伐。起初势如破竹，打到距前燕都城仅几十里的枋头时，遭遇到了前燕军队的殊死抵抗。后因粮道断绝，不得已而归。南归途中先是被前燕慕容垂设伏打败，又被赶来支援前燕的前秦将领苟池、邓羌劫了归路，回到姑孰五万步卒仅剩万余人。

慕容垂的父亲是前燕文明帝慕容皝，自幼便以勇猛著称，这次又立下了赫赫战功，声名大噪。然而，正是这样的威望，让他成为朝中忌惮的对象。在慕容垂回到都城邺城后，等待他的不是重用和奖赏，而是太傅慕容评和太后可足浑氏的密谋加害。

慕容垂不忍骨肉相残，假借外出打猎，换上便装逃出邺城，带着子侄亲信投奔了苻坚。苻坚早就有图谋前燕的想法，听说慕容垂来到后十分高兴，与王猛亲自出城迎接，视其为共成大业的伙伴。

慕容将军，欢迎加入我们的大秦豪华战队！

这欢迎仪式有点儿过于热情了吧？

与苻坚的乐观不同，王猛对此事忧心忡忡。尽管慕容垂眼下被前燕皇帝排挤，无家可归，但他作为前燕的战神，在燕人心中地位崇高。

现在前秦国力强盛，慕容垂不敢有二心。然而，万一国内动荡，如今恭敬顺从的慕容垂就会成为前秦内部最大的隐患。王猛对苻坚详细解释了慕容垂投奔的利害，并力劝苻坚除掉慕容垂父子，以绝后患。然而，苻坚坚信争霸天下不仅需倚重武力，更需赢得人心。眼下慕容垂真心投奔，如若置之于死地,天下人谁还敢来投奔自己?面对苻坚的态度,王猛只得无奈地退下。

不久,王猛就想出了一个绝妙的计策。

他做的第一件事,就是推举慕容垂的长子慕容令成为攻打前燕的向导。这个看似合理的提议,实际上却暗藏杀机。慕容垂父子作为前燕的降将,自然无法拒绝,否则便是心生异志。王猛的这一步,既巧妙又毒辣,让慕容垂父子陷入了两难之境。

接下来,王猛在出战前夕拜访慕容垂,要与其共饮一杯。在慕容垂的家宴上,王猛与他言谈甚欢,丝毫没有先前欲除之而后快的态度。两人畅饮之际,王猛突然拉着慕容垂的手,开启了自己的表演。

"我即将出征,你是否有什么可以赠予我的东西,让我在战场上想起你?"

既然王猛开口询问,慕容垂自然无法拒绝。然而,由于没有事先准备好礼物,也不便随意选取普通物品敷衍,慕容垂最终解下自己腰间的佩刀交给了王猛。

王猛得到金刀后又成功贿赂了慕容垂的亲信金熙,给了他一大笔钱,让他按照计划行动。

另一方面,慕容令跟随征讨前燕的大军已经抵达洛阳,这天晚上,金熙突然来访,未等慕容令发问,金熙便拿出王猛交给他的金刀,跪地开始复述王猛教给他的话。

根据金熙的描述,慕容垂因为被王猛欺压,决定叛逃回前燕。与此同时,前燕皇帝也意识到自己的错误,决定重新接纳慕容父子。如今慕容垂已经逃回前燕,只等慕容令也赶过去,他们父子就能在故国团聚。

慕容令听到这话大吃一惊，他心里还有许多疑问，但金熙是父亲多年的亲信，手里还拿着父亲心爱的佩刀，不由得他不相信。于是，慕容令带着几名手下悄悄离开军营，朝着前燕的方向逃去。

慕容令刚一离开，王猛立刻将他叛逃的消息传回国内。慕容垂等人闻讯大惊，感到人在家中坐，祸从天上来。慕容垂立即收拾行装，匆忙逃离，却在蓝田被追赶的骑兵擒获。就在他已经绝望之际，苻坚却大方地宽恕了他。

在这之后，苻坚对待慕容垂还同过去一样，但慕容令的运气就没有这么好了。前燕人怀疑他是前秦派回来的奸细，把他迁徙到沙城。慕容令自己推测迟早不能免祸，密谋起兵反叛，最终被擒获斩杀。

这就是被后人称为"天下第一阳谋"的"金刀计"。

数年后，王猛去世，慕容垂不甘寄人篱下，成功复国，史称后燕。然而，长子慕容令的早逝成为后燕的一大遗憾，倘若慕容令尚在，以其资质与能力，后燕或许能更加稳固，不至于内部生乱，最终走向灭亡。

"金刀计"，作为一场经典的阳谋，其精髓在于公开而难以防范。它利用人性的弱点，将慕容垂父子一步步推向了预设的陷阱。在这场阳谋的较量中，换作任何人在慕容垂的位置，都难以逃脱被"挨上一刀"的命运。

谋略锦囊

身死国灭：
处理隐患不可心慈手软

随着前秦实力不断提高，苻坚开始对北方各势力开始了整合。短短十年，前秦就完成了北方的统一，甚至还拿下巴蜀地区，天下大势，前秦已经占据七分，东晋政权只能在江东苟延残喘。苻坚与王猛的君臣关系也十分融洽，看到在王猛的治理下，国家的面貌不断改变，越发强大，苻坚对王猛更是感激，称赞道："您日夜操劳，宵旰忧勤，我好像周文王得到了姜太公似的，可以优哉游哉享清福啦！"

就在人们都以为前秦在这对君臣联手之下就要完成统一大业的时候，这个国家却遭受到沉重的打击。

前秦建元十一年（375）六月，正值盛年的王猛因操劳过度病倒了，再也无法起身。苻坚对此非常焦急，亲自为王猛祈福，还派遣使者遍访名山大川，为王猛求医寻药。

王猛的病情虽然一度好转，但最终还是未能逃脱病魔的掌心。临终时他嘱咐苻坚道："晋国虽然偏居江南一隅，但毕竟是华夏的正统政权，而且国内上下安定和谐。臣死之后，陛下万万不可打晋国的主意。至于鲜卑和西羌的降伏贵族，他们的野心未灭，终有一天会成为国家的祸患，应当逐步加以剿除,以确保国家的长治久安。"这便是王猛对苻坚的最后嘱咐,也是他对前秦未来的深深忧虑。

果然,国事才是老王的心头肉!

陛下,灭晋不可,鲜卑和西羌才是真正的祸患!

王猛去世后,苻坚以最高的礼仪为他举行了安葬仪式,并追谥其为武侯。失去这位贤相后,苻坚在一段时间内确实谨遵王猛遗训,勤勉地处理国事。他积极推广儒学教育,关心百姓疾苦,成效显著。可随着时间的流逝,他逐渐忘记了王猛的遗言,忘记了那些潜在的隐患,决心吞并东晋,实现统一全国的霸业。

前秦建元十九年(383),苻坚组成了号称八十万的大军,浩浩荡荡地去讨伐东晋。这是一场规模空前的战争,也是一场决定命运的战争。然而,苻坚的决策却充满了轻率和盲目。他没有充分考虑到前秦内部的稳定问题,也没有充分估计到东晋的抵抗力量,他的心中只有对统一的渴望和对霸业的追求。

结果，这场战争以苻坚的惨败而告终。谢玄带领的北府兵以少胜多，击败了苻坚的大军。大将苻融也战死沙场。

淝水之战后，前秦元气大伤，先前被征服的鲜卑、羌等部族酋豪纷纷反叛，建立割据政权。前秦建元二十一年（385），苻坚出奔五将山，被反叛的羌族首领姚苌缢死于新平佛寺。

回顾这段历史，我们不禁要感叹：身死国灭，往往是因为处理隐患时的心慈手软。苻坚如果没有忘记王猛的遗言，继续勤勤恳恳、兢兢业业地管理和发展国家，等到内部安定之后，再去图谋扩张，那么历史或许又该是另一番模样了。

许多大的失败都不是因为对手过于强大，而是己方在关键时刻出现了重大失误。伏笔往往早就埋好了，甚至已经被发现了，只是因为其在当时没有表现出那么大的危害性，没有在第一时间被妥善处理。千里之堤毁于蚁穴，千万不能因为隐患小就不去除。

谋略锦囊

第七章 狄仁杰

阴谋阳谋双管齐下,
生佐女皇,死后兴唐

·人物档案·

姓名	狄仁杰	性别: 男
		生卒年份: 公元 630 年—公元 700 年
时代: 唐朝		籍贯: 并州晋阳（今山西太原）
性格特点: 刚正不阿，智谋过人，心系民生。			

个人简介: 狄仁杰，字怀英，出身官宦世家，自幼饱读诗书，通晓法律。他曾任大理丞，一年内判决大量积压案件，无一冤诉，展现了其非凡的断案能力，深受武则天信任。狄仁杰一生勤政爱民，敢于直言进谏，维护法纪，在中国历史上留下了光辉的篇章。

·大事年表·

- **出生:** 公元 630 年，生于山西太原。
- **早年:** 刻苦攻读，明经及第，踏入仕途。
- **仕途初期:** 断案如神，政绩颇丰。
- **公元 691 年:** 升任宰相，因酷吏构陷被贬。
- **公元 697 年:** 平乱有功，再次拜相。
- **晚年:** 举荐人才，劝谏武则天还政李唐。
- **逝世:** 公元 700 年，谥号文惠。

大器晚成，神探是怎样炼成的

提及狄仁杰，许多人的脑海中会立刻浮现出一位身着官服、手持折扇、眼神睿智的神探形象。他总能在最关键的时刻，凭借严密的推理和巧妙的审问，把那些扑朔迷离的案件逐一解开，让真相得以大白于天下。无论是电视剧还是电影，都将这位神探的形象刻画得深入人心。

但在历史上，真实的狄仁杰真的像在影视作品中那样神奇吗？他又有哪些与神探工作相关的过人之处？为何他会被塑造成如此深入人心的神探形象？

唐贞观四年（630），在并州晋阳（今山西太原）的一座大宅院里，伴随着一声清脆的婴儿啼哭，一个新生命诞生了，这就是后世被誉为名相的狄仁杰。他自小便展现出了异于常人的睿智和勤奋。《旧唐书·狄仁杰传》里记载了一件他年少时的趣事：一次，家中发生案件，县吏上门调查，狄仁杰却端坐在书案前，专心致志地读书。面对县吏的责问，他毫不退让地回答："书中自有圣贤，我连这些圣贤都接待不完，哪有时间应付你们这些平凡之人？"

狄仁杰的父亲狄知逊先后在河南、浙江、陕西、重庆等地任职，每到一处为官，狄知逊都会把年幼的狄仁杰带在身边，时时教导，让他从不同的环境中去领悟生活的不易。随父亲游历了几乎半个中原的少年狄仁杰，也在不断更替的环境中增长了自己的见识，磨砺了自己的意志。这为将来他在朝堂上大放异彩打下了坚实的基础。

狄仁杰刻苦攻读，成了一个学问渊博的人。之后，他和其他读书人一样，参加了科举考试的明经科，并一举考中，被朝廷任命为汴州判官。然而，狄仁杰显然不懂官场的潜规则，上任没多久就把下属给得罪了。这名下属心胸狭隘，为了报复狄仁杰，竟跑去朝廷巡视天下的黜陟使面前，诬告他贪污腐败。

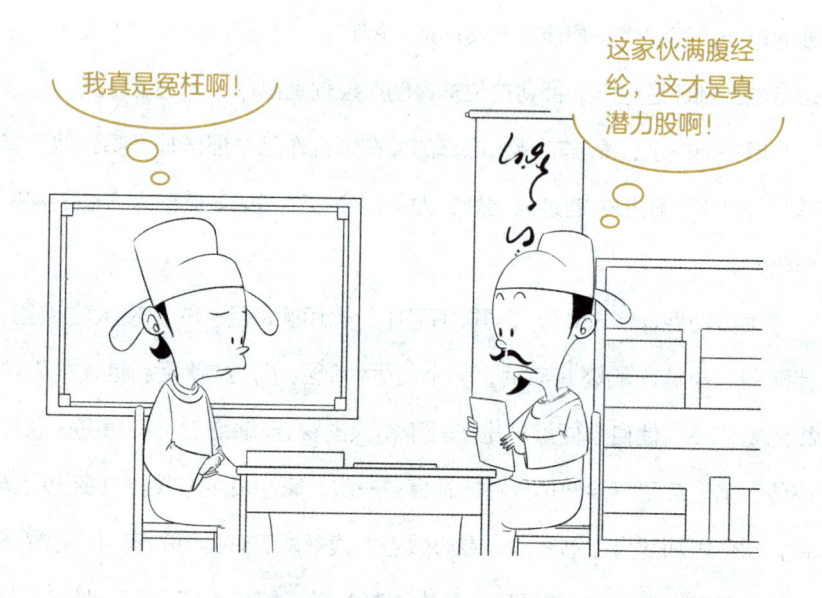

幸运的是，这位黜陟使大人并非昏庸之辈。在接到举报信后，立刻将狄仁杰找来询问具体情况。交谈中，黜陟使被狄仁杰的才识和卓越见解所折服。他敏锐地意识到，眼前的这个人绝不会是贪污犯，他不仅当场释放了狄仁杰，还向朝廷大力举荐。

从此，狄仁杰的仕途开始走上坡路，他很快被任命为并州都督府法曹，接着又升到大理丞这个职位。在新的岗位上，狄仁杰展现出了非凡的断案才能，处理了大量积压案件，涉案人数多达一万七千人。令人震惊的是，对狄仁杰的审理，这些人竟全然接受，没有任何异议。狄仁杰的名字迅速传遍朝野。

　　狄仁杰的才华并不仅仅局限于断案，他在政治舞台上也有着出色的表现，只是需要时间的沉淀和机遇的降临。要知道，在被武则天注意到之前，狄仁杰可是在地方任职了二十余年，一直未能进入政治权力的核心舞台。

　　这二十多年里，狄仁杰积累了丰富的经验和智慧。他深知官场的复杂和险恶，也明白自己的才华和抱负需要更大的舞台来展现。于是，他耐心等待着那个能够让他一展宏图的机遇。

谋略锦囊

　　机会总是留给有准备的人的，即便是大器晚成，成功也源自不断地学习、积累，实现自我进步。即便是处在人生的低谷，处于无人欣赏的"不遇"之境，也不必气馁。只要不断前进，做好充足的准备，总能抓住机会，找到成功的办法。

敢为人所不敢为，更容易被注意

唐高宗在位期间，左威卫大将军权善才和右监门中郎将范怀义误砍了唐太宗墓昭陵里的几棵柏树，盛怒之下的唐高宗打算处死他们，以儆效尤。

当时，狄仁杰正担任大理寺丞这一职务。他深知，如果权善才和范怀义真的因此被处死，不仅将是一场冤案，更会让唐高宗背负上不仁的骂名。于是，他毅然决然地上表劝谏皇上，认为二人罪不至死。

唐高宗怒道："他们砍伐昭陵柏树，置我于不孝之地，必须处死。"狄仁杰引用了汉文帝与张释之的故事来提醒唐高宗要依法办事，不能因一时之怒而滥杀无辜。他直言道："汉朝时有人盗取高庙玉环，汉文帝想要灭其族。张释之劝谏道：'假如盗取长陵一抔土，又将如何治罪？'汉文帝因此只杀其一人。陛下的律法悬挂在宫外阙门上，罪不至死而要处死他们，如何取信于天下？现在只因误砍一棵柏树，便杀掉两位大臣，后世又将如何看待陛下？"

见狄仁杰竟敢公然违抗自己，唐高宗非常生气，但又不好当面说什么，便私下将狄仁杰召来，狠狠训斥一通。

> 陛下，杀人可不能像砍树，后人会说您草率哦！

> 狄仁杰，你这是要逆天吗？！

面对唐高宗的怒意，狄仁杰并未退缩，继续直言道："臣知晓，自古以来，向君主直言进谏都不是一件容易的事情。我虽然愚笨，但对此事也有不同的看法。我认为，谏臣能否实现自己的历史使命，关键在于君主的态度。若是桀纣那样的昏君，那么谏臣是很难发挥作用的；但如果遇到的是尧舜这样的君主，那对谏臣而言就是大幸了。我今天敢在陛下面前直言不讳，就是因为我相信您是一位贤明的君主，如尧舜一般。因此，我深信您不会因此事而加罪于我。"

狄仁杰的这番话，不仅表达了他对唐高宗的尊重，更展现了作为一个臣子的担当和勇气，言辞恳切，逻辑严密，让唐高宗不得不重新审视自己的决定。经过一番思考，唐高宗终于免除了权善才和范怀义的死罪。

这一事件，不仅让权善才和范怀义保住了性命，更让狄仁杰的才华和勇气得到了唐高宗的赏识。唐高宗意识到，这样一位敢于直言的臣子正是他所需要的。于是，他将狄仁杰调任为御史，留在身边负责监察百官。

当时，担任左司郎中职务的王本立自恃皇帝宠信，屡屡违法乱纪，胡作非为，大臣们都很畏惧他。狄仁杰上奏唐高宗，请依法对王本立加以惩治。唐高宗本想置之不理，但狄仁杰进谏说："国家虽然亟须人才，但像王本立这样的平庸之辈，还是有很多的，陛下为什么要因为这样的人而徇私枉法？如果不依法惩处王本立，就请陛下先将我流放到不毛之地，这样也可以告诫后来的忠贞之臣，以我为鉴。"唐高宗无奈，只好命有司依法惩治王本立。

后来，狄仁杰又弹劾司农卿韦机，称其所督建的宿羽、高山、上阳等宫室太过壮丽。唐高宗遂将韦机免职，自此朝廷风纪肃然。

千里马常有而伯乐不常有。如何得到更多的注意，成为那个被推举而出的千里马呢？当你站在道理的一面，当你有足够的能力时，不妨做一些别人不敢做的事情。

谋略锦囊

局势不明，保持本心

唐高宗调露元年（679），狄仁杰被任命为"知顿使"，随同唐高宗李治巡幸山西。"知顿使"的职责是负责安排皇帝的行程和日常起居，只有深得皇帝信任的人才能担此重任。从这一点可以看出，狄仁杰此时已经得到了皇帝的高度信任。

一次，唐高宗和武则天准备前往汾阳宫，途中需经过妒女祠。当时，民间认为穿着华丽的衣服经过妒女祠会招致风雷之灾，并州长史李冲玄打算征发数万民夫另外开辟一条御道。狄仁杰道："皇帝出行，有千乘万骑扈从，风伯为之清尘，雨师前来洒道，还怕什么妒女之害？"李冲玄遂停止征发徭役。唐高宗得知后，叹道："狄仁杰真是个大丈夫啊！"

唐高宗身体一直不好，患有严重的风疾。也许正因如此，他对长生不老之术格外迷信，甚至下令四处寻找道士为他炼丹。

但这些应召的道士多是江湖术士，炼不出什么有用的丹药。其中有一个叫刘道合的炼丹师搞了一出"尸解"的奇观，引得唐高宗大感兴趣。结果唐高宗因为对道术的过度痴迷，最终因急病而驾崩了。

唐高宗死后，太子李显即位，是为唐中宗。就在唐高宗死之后的第三天，唐高宗自己最宠信的宰相裴炎却提出建议，说现在唐中宗治国没有经验，还处在学习的阶段，不能够决定国家大事，所以一切还是应该让皇太后武则天帮忙做主，处理国家政事！

武则天刚好想大权独揽，但是苦于没有借口，听到裴炎这么说，于是就半推半就的答应了。唐中宗继位刚一年，武则天就将他废黜为庐陵王，改立相王李旦为新帝，这就是唐睿宗。朝政大权彻底落入武则天手中。

武则天的掌权让朝廷风云变幻，政治斗争如同一场巨大的旋涡，许多人的命运因此被卷入其中。摆在朝廷官员面前的，是一个艰难的抉择：要么选择忠于唐室，站在反对武则天的一边，虽然能得到"忠义气节"的称赞，却可能为此丢掉性命。毕竟，那些坚持气节的官员，几乎无一例外不是被贬谪，就是被杀害。

但如果选择效忠武则天，虽然短时间内能保住性命和官职，却意味着要放弃名声和道义，甚至可能背负"谄媚佞幸"的骂名。这种左右为难的境地让当时的朝臣们进退两难。

狄仁杰在这复杂的政治局势中没有盲目地反对武则天，也没有急着向她表示效忠。他深知政治斗争背后隐藏着巨大的利益纠葛，而站队问题则关系到生死存亡。在局势尚未明朗之前，他决定不急于表态，而是专注于自己的工作。

武则天很清楚，狄仁杰是个有能力的人，于是在掌握朝廷大权后，便起了任用他的心思，将狄仁杰外放为宁州刺史进行历练。狄仁杰并未因此而对武则天表忠心，依然以他的智慧和才能为朝廷效力，同时也在内心保持着对李唐的忠诚。

谋略锦囊

人们热衷于表达自己的观点，热衷于站在自己觉得正确的位置上。但是，局势不明的情况下，看清楚全貌，摸清楚局势，保持冷静，不要让局势影响你的决策力。贸然做选择，很容易站在错误的一边。

在黑白之间周旋，
聪明人内方外圆

垂拱二年（686）时，武则天将狄仁杰外放去做了宁州刺史。宁州位于甘肃境内，属于陇西地区，民族结构复杂，治理起来颇为棘手。

狄仁杰在宁州刺史的任期内不仅把当地的民族关系处理得恰到好处，而且政绩斐然。他深知，要治理好这样一个地方，单靠强硬的手段是行不通的，必须用心去理解每一个民族的文化和习俗，用智慧和耐心去化解矛盾。因此，狄仁杰常常会去和老百姓聊天，了解他们需要什么，缺少什么，有什么困难，然后再根据这些情况制订政策，使宁州的社会状态逐渐变得和谐稳定。

当时，朝廷派出一位名叫郭翰的御史，负责巡查陇右地区，并监察当地官员的治理情况。他喜欢微服私访，通过亲身体验和百姓的口碑来了解当地官员的水平。在巡查过程中，他发现大多数地方官员的治理水平实在令人失望，因此弹劾了不少州县官员。然而，当他抵达宁州后，却惊喜地发现这里与众不同。

宁州的社会一片祥和，百姓安居乐业。这让郭翰十分惊讶，便派人去向当地百姓打听管理这里的刺史是个什么样的人。百姓们对狄仁杰交口称赞，竟无一人说出半句刺史的不好。原本郭翰对此还有些半信半疑，但直到百姓们将他带到一块石碑面前时，他彻底被狄仁杰的卓越政绩和治理才能折服了。

> 是啊，他真是我们的父母官！

> 狄大人帮我们解决了好多难题！

> 我不是走错地方了吧？这也太和谐了！

这块石碑是百姓们自发为狄仁杰立的"德政碑"，上面记载着狄仁杰在宁州的功绩，以示歌颂之意。当看到德政碑上的文字，郭翰的内心深受震撼。他回去之后当即向朝廷举荐了狄仁杰。狄仁杰被召回朝廷担任冬官侍郎，并充任江南巡抚使。后来，狄仁杰转任文昌右丞，又出任豫州刺史。

在担任豫州刺史期间，狄仁杰也有一段传奇经历。当时，武则天正加紧称帝的步伐，引起了李唐宗室的不满。越王李贞干脆扯旗谋反，试图以武力推翻武则天的统治。李贞的叛乱很快就被平定，他本人也战败身亡。

大量无辜的人受到李贞的牵连，遭到武则天的严厉打击。为了排除异己，武则天任用酷吏，放任这些爪牙用各种阴谋陷害、刑讯逼供的手段去对付这些"不听话"的人。最终，在这些酷吏的推动下，李贞谋反一案竟涉及六七百家，牵连五千余人。谋反属于杀头大罪，这些无辜之人眼看就要遭受不白之冤。

当武则天下令地方官查抄这些涉案人员并按照旨意行刑的时候，却卡在了豫州。因为涉案人员中有很多人就在豫州，而豫州刺史狄仁杰认为判决有误，量刑过重，因此拒绝行刑。他亲笔向武则天写了一封信，从不同的角度论述了这样一个观点：那些被判刑的人大多是冤枉的，很多人其实对李贞谋反并不知情。只有杀掉那些典型的罪犯，放过大多数人，才能彰显天后的仁德。

最终，这封信成功说服了武则天。她决定只处死其中那些知情并且明显参与谋反的人，其他不知情或者被胁迫的人则遭到流放。当这批囚犯经过宁州时，受到当地百姓的热情接待。当地的百姓们说："是我们狄使君救了你们啊！"囚犯们相互搀扶着在狄仁杰的德政碑下跪拜，斋戒三天后才离开。这些囚犯到达流放地后，又一起立碑颂扬狄仁杰的恩德。

狄仁杰的为官之道，正是"在黑白之间周旋，聪明人内方外圆"的典范。他坚守自己的原则和信念，不为权势所动，不畏强权所压。同时，他又善于运用智慧和策略，化解矛盾，赢得人心。无论是在宁州还是豫州，他都以自己的实际行动证明了这一点。

谋略锦囊

好汉不吃眼前亏，
阁老智斗来俊臣

载初元年（690）九月，武则天感觉称帝时机已到，将国号改为周，改元天授，自己加尊号"圣神皇帝"，成了中国历史上唯一一位登上皇帝宝座的女性。第二年，狄仁杰被任命为地官侍郎、判尚书，并兼任同凤阁鸾台平章事（即宰相）。

狄仁杰在宰相位置上待了不到一年，一场前所未有的政治风暴就席卷而来，一场由酷吏来俊臣精心策划的诬陷将他与众多同僚推向了生死边缘。

来俊臣以严刑峻法、罗织罪名而臭名昭著，是武则天手中一把锋利的刀，用来铲除异己，巩固自己的统治。这一次，他的刀锋指向了狄仁杰以及宰相周围的其他首脑人物。

来俊臣曾奏请武则天下命令：一经审问即承认谋反的人可以减免死罪。等到狄仁杰等人入狱，来俊臣便用这道命令诱惑他们认罪。狄仁杰回答说："大周改朝换代，万物更新，唐朝旧臣，甘心顺从诛戮。谋反是事实！"

来俊臣就让人把狄仁杰绑了起来。来俊臣的手下王德寿对狄仁杰说，你如果诬陷他人,就可以免死。狄仁杰说:"皇天后土在上,怎么能让我狄仁杰做这种事!"说着就用头猛撞柱子,血流满面。

当时酷吏们主要是想诬陷狄仁杰等重臣,如果狄仁杰死在狱中反而不好向武则天交代,就没有继续逼迫狄仁杰,看守也渐渐放松了警惕。狄仁杰便求得笔墨,把书信写在一块白绸子上,然后把白绸子藏在衣服里,对狱吏说:"天气太热了,请让我家人拿回家去拆洗一下衣服。"

狄仁杰的儿子在拆洗衣服时发现了书信,便上书武则天说明情况。武则天派使者来查问,来俊臣私下命令王德寿捏造了一份狄仁杰谢罪求死的奏表,交给使者呈报给武则天。

武则天看后召见了狄仁杰,问他:"你为什么要谋反呢?"

狄仁杰回答说:"臣如果不承认谋反,早就死在刑杖之下了。"

武则天把奏表拿给他看,狄仁杰说:"这奏表不是臣写的。"

武则天还是很看重狄仁杰的才能,就赦免了他的死罪,降职为彭泽县令。

对于狄仁杰来说，这无疑是他职业生涯中遭遇的最大的一次打击。然而，他并没有因此而气馁。他知道，武则天的这一决定其实是在为他寻找生机，是在为将来回朝创造机会。

果然，仅仅过了四年，狄仁杰就迎来了复出的机会。武则天万岁通天元年（696），契丹首领孙万荣作乱，攻陷冀州，一时间河北震动。这时，武则天想起了这位曾经的宰相，当即任命狄仁杰为魏州刺史，负责平乱事宜。

前任的魏州刺史为了抵御契丹军队，把全州的百姓都派到城里修筑工事，狄仁杰到魏州后，让百姓各回各家，正常耕种，使得生产力得以恢复。而契丹人一听说狄仁杰来了，慑于他的威名，不战自退。

狄仁杰的智勇和才华再次得到了武则天的赏识，不久狄仁杰就调任幽州都督，武则天赐予他紫袍、龟带，还在锦袍上题写十二个金字来表彰他的功绩。此后的日子里，狄仁杰再度回朝担任宰相。

狄仁杰面对生死考验，没有选择硬碰硬，而是用智谋和坚韧不拔的意志战胜了强敌。好汉不吃眼前亏，智者总能在困境中找到生机。

谋略锦囊

明辨善恶，分清是非，是做人的根本。不同流合污，也是做人的底线和基准。但很多时候，直接与丑恶势力对抗，未必就是解决问题的方法。不如先虚与委蛇，保全自身，再寻求解决问题的办法。一味地正面对抗，只能无谓地牺牲。

曲线救国：
提建议要善用迂回

　　武周帝国的皇宫内，武则天已步入晚年，帝国的继承人选却悬而未决。武则天的侄子武承嗣、武三思等人蠢蠢欲动，多次请求立武家人为太子，以确保帝国江山不落入外姓人之手。武则天在立儿子还是侄子的问题上犹豫不决，她一手创建的武周帝国，若传给儿子，便等于又交还给了李唐，江山也会改姓。

　　这时狄仁杰进言："臣请问陛下，侄子和儿子哪个更亲？如果陛下立儿子为储君，那么陛下百年之后，将会被供奉于太庙，享受子孙后代绵延不绝的祭祀。而如果陛下立侄子的话，臣从未听说有哪个侄子会将自己姑姑的牌位供奉于太庙的。"

　　狄仁杰的话，如一把锋利的刀，直刺武则天的痛处。她当然明白侄子不如儿子亲，但儿子跟自己不是一个姓，这是她心中的一块病。狄仁杰的这番话，无疑触动了她的敏感神经，让她当场表现出十分不悦的表情，怒道："这是朕的家事，你就不要多嘴了。"

狄仁杰并不准备就此放弃,他硬怼了一把,说道:"陛下乃是天下之主,臣为股肱,陛下的家事也是天下大事。臣与陛下君臣一体,臣当然要进言。"

不久之后,武则天做了一个梦,梦见一只鹦鹉断了双翅。她再次召见狄仁杰,希望他能为自己解读一下这个梦。

狄仁杰听后,知道这是一个千载难逢的机会。他缓缓说道:"鹦鹉的'鹉'通'武',而武是陛下之姓。双翅则代表陛下的两个儿子。陛下若能起用两个儿子,立儿子为太子,必定能振翅高飞。"

狄仁杰的话,让武则天心中一动,坚定了要立儿子的想法。几个月后,她召回李显,将其立为太子,同时起用了李旦、太平公主等李家人掌握权力。

与此同时,狄仁杰也为李唐的复辟埋下了伏笔。他举荐和提拔了一大批支持李唐的官员,构筑起了一个庞大的支持李唐的政治集团。

一次,武则天让他举荐一名将相之才,狄仁杰向她推举了荆州长史张柬之。武则天将张柬之提升为洛州司马。过了几天，又让狄仁杰举荐将相之才，狄仁杰说："我之前推荐的张柬之您还没有任用呢。"武则天答已经将他提升了。狄仁杰说："我推荐的是宰相的人选，不是司马。"由于狄仁杰的大力举荐，张柬之被武则天任命为秋官侍郎，又过了一段时间，升为宰相。

狄仁杰还先后举荐了桓彦范、敬晖、窦怀贞、姚崇等数十位忠贞廉洁、精明干练的官员，他们被武则天委以重任之后，政风为之一变，朝中出现了一种刚正之气。以后，他们都成为唐朝中兴名臣。

武则天久视元年（700），狄仁杰因病去世，武则天悲痛不已，痛哭道："朝堂空矣。"此后的日子里，每当遇到难以决断的大事时，她都会想起狄仁杰，不禁感叹道："上天为何要这么早夺走我的国老啊！"

良药苦口利于病，忠言逆耳利于行。规劝他人，忠言自然是好的。但是，却不是所有人都能接受。要实现目标，结果是最重要的。当有其他的方式可以使用时，不妨先把"直言进谏"这种强硬手段放一放。或许曲线是更远的，但说不定是最快的。

谋略锦囊

第八章 赵普

半部《论语》治天下，世无常师，取势而为

·人物档案·

姓名	赵普	性别：男
		生卒年份：公元 922 年—公元 992 年
时代：五代至北宋初年		籍贯：幽州蓟县（今北京市城区西南部）
性格特点：深沉有谋，机敏过人，善于治国，忠诚谨慎		

个人简介：赵普，字则平，五代至北宋初年政治家与军事家。他出身官宦世家，先是辅佐后周世宗柴荣，后又成为北宋开国功臣，深受宋太祖赵匡胤的信任与重用。其"半部《论语》治天下"之说对后世影响颇深，为宋朝的统一和稳定作出了巨大贡献。

·大事年表·

- 出生：公元 922 年，生于北京。
- 早年：入仕后周，成为赵匡胤幕僚。
- 公元 960 年：策划陈桥兵变，助赵匡胤建宋。
- 公元 961 年：雪夜定策，确定先南后北方针。
- 公元 964 年：升任宰相，独揽大权。
- 公元 973 年：因故罢相，出镇河阳。
- 宋太宗时期：重回朝堂，辅佐宋太宗。
- 逝世：公元 992 年，谥号忠献。

由吏入仕，尽心任事成心腹

赵普出生于五代末期，祖上三代都是小官吏，他读书不多，学术不广，但精通处理官吏人事方面的事务，这可能与他的家庭背景有关。后唐时期，卢龙节度使赵德钧连年征战，赵普的父亲赵迥不堪战乱，举族迁居常山（今河北正定），这一年赵普十五岁。正是在这里，沉默寡言的赵普娶了镇阳豪族魏氏的女儿，组建了自己的家庭。六年后，驻常山的节度使安重荣起兵造反，战乱再起，二十一岁的赵普和妻子又跟随父亲迁到河南洛阳并长期定居。

五代是一个重武轻文的时代，对于普通的读书人来讲，除了隐居不仕之外，更多的是只有投奔武人的帐下做一名幕僚。赵普走的也是这条路。

赵普先是被永兴军节度使刘词看重，被招到帐下做了从侍，相当于刘词的私人幕僚。赵普任职之后不久，刘词因病逝世，死前向后周朝廷写信推荐赵普去朝廷做官。

这个时候刚好后周占领了滁州，缺一位军事判官，是掌管军事工作的职位，权力比较大。宰相范质就向朝廷推荐赵普去了滁州。正是在滁州，赵普结识了后来的大宋皇帝、当时的后周殿前都点检赵匡胤。

滁州是赵匡胤攻打下来的，此时奉命在滁州暂时驻守。赵匡胤是一名武将，管理占领区百姓们的民生并不是他的特长，朝廷派了赵普这么一位文官来料理日常政事。

赵普与赵匡胤结识之后，两人非常合拍，彼此之间大有相见恨晚之意。赵普的能力也在两件小事上得到了充分体现，让他赢得了赵匡胤的赏识。

其一，便是他在赵匡胤父亲赵弘殷生病期间的悉心照料。

当时，赵匡胤的父亲赵弘殷因病卧床不起，但是赵匡胤接到命令要出去征战，就没有办法伺候自己的父亲。赵普就代替赵匡胤照顾赵老太爷，亲自侍奉汤药，昼夜不眠，像照顾自己的父亲一样。这样的举动，不仅让赵老太爷和赵家人深受感动，更让赵匡胤对赵普刮目相看。从此，赵普完全融入赵氏家族，成为赵匡胤身边不可或缺的心腹。

其二，便是对百余名盗贼的审慎处理。

当时，盗贼很多，有次一下子逮到了一百多名的盗贼。赵匡胤准备立即将他们就地正法，但赵普却怀疑其中有无辜者，劝赵匡胤重新审讯。结果，通过审讯果然发现了许多无辜的人。赵普此举，不仅挽救了许多人的生命，更展现了他敏锐的观察力和分析能力。这样的才能，正是作为武将的赵匡胤所需要的人才。

这两件小事，看似微不足道，但让赵匡胤对赵普的才能和忠心有了深刻认识。从此，赵普便成了赵匡胤身边的掌书记，也就是机要秘书。他开始为赵匡胤谋划诸多重大的事宜，而陈桥兵变令赵匡胤顺利地黄袍加身这一出缔造宋王朝的好戏，便是赵普幕后一手策划的。

谋略锦囊

世界上哪有那么多的偶然，就如同赵普的成功一般，他没有参加科举，但凭借着担任赵匡胤的幕僚找到了自己的晋身之阶，成为朝廷权力核心中不可缺少的一人。其中的每一步，都凝聚着他的智慧和汗水。而他之所以能够赢得赵匡胤的信任和赏识，与他在其位尽其事赢得口碑，有着密不可分的关系。这种认真，不仅体现在他对赵老太爷的悉心照料上，更体现在他对赵匡胤事业的忠诚和奉献上。

陈桥兵变，
挺身而出为主加黄袍

后周显德七年（960）的大年初一，一条紧急情报如同寒冬腊月的冷风般彻底打破了节日的温暖：辽国入侵了。后周朝廷上下顿时紧张起来，经过一番激烈讨论，最终决定派遣殿前都点检赵匡胤率军迎战。

正月初三，赵匡胤率领大军浩浩荡荡向北出发，就在行军途中，殿前司的军校苗训突然停了下来，仰头望向天空，似乎在研究天文异象，看样子是发现了什么不同寻常的事情。

苗训的古怪举动立刻引起了周围人的好奇，大家也纷纷抬头，想看看天上究竟有什么奇怪的东西。就在这时，赵匡胤的幕僚楚昭辅忽然大喊："天上有两个太阳！下方的太阳正在驱逐上方的太阳，这可是一日克一日的天象啊！"

楚昭辅一向以学识渊博著称，如此惊呼，顿时让士兵们个个瞪大了眼睛，争相去寻找所谓的两个太阳。不一会儿，有人拍着胸脯说自己也看到了，描述得活灵活现；另一些人虽然什么也没看到，但又不好意思承认，就跟着起哄附和。

就这样，"一日克一日"的说法一下子在军中传开了。大家并不知道，这所谓的"天文奇观"其实是赵匡胤为晚上即将上演的大戏做的预热铺垫而已。

当天晚上,赵匡胤率领大军来到离开封大约四十里的陈桥驿,便下令全军扎营休息。他自己早早就装作喝得酩酊大醉,躺进中军大帐呼呼大睡去了,接下来发生的所有事情,他声称自己"完全不知情"。

没过多久,军中的一群高级将领情绪高涨,闯进了赵匡胤的第一谋士赵普的军帐。一见到赵普,众人就齐声高呼:"诸军无主,我们愿意推举点检为天子!"赵普作为这场"兵变大戏"的总导演,心里清楚得很,正戏开场了。

不过,这些将领中,有的是赵普早就安排好的"托儿",但也有些纯粹是被气氛带动的"围观群众"。那些安排好的"托儿"自然问题不大,但"围观群众"就难说了,他们容易情绪化,所以赵普得格外小心。于是,他立刻装作一副正气凛然的样子,严厉训斥了大家一通,把人都赶了出去。

然而，这些将领心里很清楚，兵变这事儿，要么别提，一旦说出口，就得干到底，否则将来一旦追究，大家都没有好下场。于是，他们很快再次聚集，重新闯进赵普的军帐。这次可没那么客气了，一个个手持明晃晃的兵器，态度相当强硬，意思很明确：赵普要是再敢反对，恐怕立马就要先拿他"祭旗"了。赵普见事情已经到了这一步，马上顺水推舟，装作勉为其难地同意了他们的提议。

赵普立即派人连夜赶回开封，把消息传给赵匡胤的亲信石守信和王审琦，告诉他们要准备好配合大军回师。而军中的各位将领也各自回营，开始向自己的手下士兵解释那个"一日克一日"的天象到底意味着什么。

当时的士兵们大多迷信又没多少文化，对长官的话自然深信不疑，很快大家就心领神会：看来要改朝换代了！

第二天一早，赵匡胤刚从大帐里走出来，眼前的景象让他惊得不知所措——只见众将手持利刃，整齐地站在大帐两边，看到赵匡胤出来，齐声高喊："军中无主，我们愿推举点检为天子！"

赵匡胤还没反应过来怎么回事，赵普已经拿着一件黄袍走到他面前，也没废话，直接把黄袍披到了赵匡胤身上。就这样，赵匡胤"莫名其妙"地被众人拥立为皇帝了。

不过，这场"陈桥兵变"大戏里有个显而易见的漏洞，那件黄袍到底是从哪里冒出来的？要知道，黄色在古代可是皇帝的专属颜色，其他人绝对不敢轻易染指。而按照赵匡胤和赵普的声明，他们俩事先都不知道会有将士逼赵匡胤登基称帝。

但奇怪的是，赵普居然不知道从哪儿掏出了一件黄袍，而且还像是早就准备好的。你说这不是预谋？谁信呢！当然了，事已至此，也没人会去在意这些细节了。

就这样，赵匡胤离开京师一天后，又带着原班人马浩浩荡荡地返回了开封。此时，开封城已经被赵匡胤的亲信控制，他的军队没有遇到任何抵抗，轻而易举地就占领了京城。

当赵匡胤的手下把宰相范质、王溥、魏仁浦几人请到他面前时，赵匡胤一边呜咽流泪，一边对大家说："我受世宗厚恩，如今被六军所逼，身不由己到了这个地步，真是惭愧难当，不知该如何是好啊！"就在赵匡胤还在犹豫，赵普已经看清了形势的走向。

赵普直言相劝："大哥，事已至此，别再顾虑这些无谓的仁慈了。"几位宰相看到赵匡胤身边将士手中的大刀紧握，无计可施，只好走下台阶，屈膝下拜。

同一天，后周世宗柴荣的遗孀符太后带着年仅七岁的小皇帝柴宗训避入了天清寺，给赵匡胤留下了一份盖有后周皇帝玉玺的禅位诏书。中国历史翻开了新的一页，大宋王朝的统治时代由此开启。

赵普在关键时刻的提醒，让赵匡胤迅速决断，成功上位。当断则断，要用一双锐利的眼睛看待眼前的麻烦，切不可优柔寡断。

皇上，臣有一计，可助您大权独揽

新朝初立，百废待兴，然而赵匡胤的心中却难以平静。他深知，权力的交接往往伴随着腥风血雨，他这皇位更是从风雨飘摇中夺得。如何稳固这新生的政权，如何避免历史的轮回，让他夜不能寐。

一次，赵匡胤召见赵普问道："为什么从唐末以来，数十年间帝王换了八姓十二君，争战无休无止？我要从此熄灭天下之兵，建国家长久之计，有什么好的办法吗？"作为赵匡胤的首席智囊，赵普当然明白这位新君在担心什么，他说："皇上，臣有一计，可助您大权独揽。"赵普的声音不高，却字字如锤，敲击在赵匡胤的心上。

赵匡胤闻言，目光一闪，示意赵普继续。赵普不慌不忙，缓缓道来："自唐末以来，数十年间帝王更迭频繁，战乱不断，其根源在于藩镇权力过重，君弱臣强。若要息兵止战，国家长久安定，唯有削夺其权，制其钱谷，收其精兵，使天下归于一统，方能安如磐石。"

赵匡胤听罢，心中豁然开朗，连声道："你不用再说了，我全明白了。"这一刻，一个重建中央集权专制制度的宏伟蓝图，在两人的心中悄然酝酿并逐步付诸实施。

于是，北宋建隆二年（961）的七月初九日，晚朝时分，赵匡胤设宴款待石守信等禁军高级将领。酒过三巡，赵匡胤面露愁容，声称自己整夜难眠，担忧部下造反。石守信等人闻言，心知肚明，便恳请赵匡胤指明生路。

赵匡胤沉吟片刻，终于吐露心声："你们何不放弃兵权，到地方去，多置良田美宅，多买些歌姬，我们再结为姻亲，君臣之间，两无猜疑。"

石守信等人也不是傻子，听到赵匡胤这么说，还能怎么办呢？只能乖乖听话。

第二天，石守信等人主动上表请求解除手中的兵权，赵匡胤对此乐见其成，立刻同意了他们的请求，并下令免去他们的禁军职务，改任为地方节度使。

与此同时，赵匡胤还废除了殿前都点检和侍卫亲军马步军都指挥使的职位，把禁军划分为三衙，由地位较低的将领来统领。这样一来，赵匡胤成功地将军队的控制权集中在了自己手中，大大强化了皇权对军队的掌控力。

这场"杯酒释兵权"的戏，看似风平浪静，其实暗藏玄机，是赵匡胤和赵普精心谋划的一步妙棋。它不仅巧妙地解决了中唐以来藩镇割据的隐患，还给新接手禁军的将领们敲响了警钟——禁军的任免权从此牢牢掌握在皇帝手中。

然而，这仅仅是个开始。赵匡胤和赵普深知，要想真正实现皇权独揽，还需要更深入地改革。于是，他们接连推行了一系列政策，比如用文臣取代武将，收回地方将领的兵权，限制节度使的财政权和粮饷控制，把地方的财赋大部分上缴中央，并设立转运使来专门管理。这些措施就像一张大网，将全国的权力一步步集中到皇帝手里，确保天下尽在掌控之中。

至此，一个"强干弱枝"、内外上下相互制约的制度逐渐形成，赵匡胤终于实现了他大权独揽的计划。

集权与放权一直是管理者要面临的难题，特别是旧制度崩坏，新制度需要重新建立的时候，往往要面临数不胜数的阻力。赵普为赵匡胤制定的策略，让其兵不血刃地收回了权力，成为避免割据隐患的根本。

谋略锦囊

解决难题，
从最容易的地方入手

赵匡胤虽然登上了天子宝座，然而他所继承的疆域仅限于中原、黄河、淮河流域以及关中等地，四周都是他人的邦国。为了新生赵家王朝的前途与长治久安，他开始着手统一战争的准备工作。

建隆二年（961）的一个冬天，寒风刺骨，赵匡胤冒着大雪来到赵普的府邸。赵普急忙温酒烤肉，君臣坐下对谈，一场关乎天下格局的对话悄然展开。

赵普恭敬地问道："夜已深，陛下因何事而来？"赵匡胤回答："我无法入睡，想到榻外的世界都是他人的领地。"赵普说："陛下要统治天下吗？现在是南征北伐的时机。您想先打谁？"赵匡胤说："我想攻取太原。"赵普默然良久，他知道宋初经济实力还很薄弱，禁不起长时间大规模的战争。因此，赵普并不支持宋军先攻打强大的北方。

他对赵匡胤说："攻下并守住太原这个地方，需要由我们单独抵挡来自西、北两方面的威胁，现在南方未定，若受到南北夹击，宋军的压力会很大；如今南方各割据势力都已衰落，更易攻取，不如先削平南方，南方平定后再攻太原，更容易成功。"

这一场风雪中的对话定格为"雪夜定策",成为宋朝统一战争的蓝图。自此,赵匡胤挥师南下,开启了统一之路的壮丽篇章。

哈哈,赵普果然妙计如神!

皇上,先南后北,先易后难。

建隆三年(962),宋军如利剑出鞘,首指湖南、湖北,继而攻克蜀地,南汉、南唐相继覆灭,江南亦平定。这一系列胜利,不仅展现了宋军的赫赫战功,更验证了赵普"先南后北,先易后难"策略的正确性。宋朝的疆域在南方各国投降后变得非常庞大,南方的资源和人力也很好地为北伐提供了资源。

然而,统一之路并非坦途。南方诸国的地形复杂,文化差异,加之部分老臣的顾虑,都成为摆在赵匡胤面前的难题。面对这些挑战,赵匡胤展现出了非凡的政治智慧。他采取和平手段,通过外交途径传达和平意愿,提出优待条件,以最小的代价换取了南方国家的归顺。这一策略,既体现了他的仁政思想,也彰显了他解决难题时"从最易处入手"的高超策略。

岭南之战,是这一策略的又一例证。面对土著势力的顽强抵抗,赵匡胤派遣经验丰富的潘美与曹彬担任南征军的正副统帅。两位大将不负众望，以巧妙的战术克服了重重困难，最终平定了岭南。

随后，赵匡胤将目光转向了富饶的江南地区。面对这片繁华之地，他更加谨慎，采取稳健的外交策略，利用江南内部的矛盾分化瓦解其势力。他支持那些希望脱离江南政权的势力，为他们的起义提供援助，这一系列举措使得江南政权的内部矛盾加剧，为赵匡胤的统一大业创造了有利条件。

开宝七年（974），赵匡胤发起了对江南的全面进攻。在主将曹彬的率领下，宋军迅速击败了江南军队的抵抗，实现了对江南的统一。

现在回过头来看，赵普的"先南后北，先易后难"的策略是非常正确的。从历史发展角度来说，历来北伐很少成功，但南征的成功率却很高，所以，北上仰面杀敌和南下下山冲锋不是一个概念。再从实力来说，北汉和契丹多是骑兵，而大宋建立的主要力量还是步兵，这样对比短板就很明显了。而南方多是步兵，所以南方打起来更加容易，也更符合大宋的实际情况。

谋略锦囊

万事开头难，如果能顺利入局，成功上手，后面的工作就会变得简单许多。那么，"开头"角度的选择就成了后续能否成功的关键。从容易的地方入手，有助于打开局面，树立信心，为后面的成功奠定基础。

贪念，最容易成为对手拿捏的软肋

赵匡胤坐上皇位之后，最初十余年的政务军事决策几乎都有赵普参与，赵普也一路从掌书记（秘书）到兵部侍郎、枢密副使再到同平章事（宰相），用最短时间成为一人之下万人之上的权臣。

赵匡胤对赵普可以说是有求必应。有一次，赵普向赵匡胤推荐一个人，说他应当担任某个职位。赵匡胤不以为然，没有任用。第二天赵普又来推荐，赵匡胤仍不任用。第三天赵普继续推荐。赵匡胤十分生气，把荐奏的文书撕碎扔到地上。赵普面不改色，跪着把文书碎片都收拾起来拿了回去。过了几天，他把碎片粘在一起，拿着又去上书推荐。赵匡胤不胜其烦，只好把所荐的人加了官职。

不过，花无百日红，人无千日好。开宝六年（973）八月，赵匡胤以赵普在相位多年、操劳过久为由，让他出任河阳三城节度使，赵普就此被赶出京城。

赵普之所以被罢相，历史学家张其凡在《赵普评传》中总结为："皇权与相权的矛盾及其发展，就是太祖及赵普关系变化的实质，也是赵普罢相的根本原因。这种矛盾在封建专制社会中是普遍存在的，不足为奇。"

不过，赵普自己身上也确实有致命的弱点，那就是：贪。

首先，赵普贪权。刚刚拜相时，赵普和赵匡胤有一段对话，很有意思。

赵普说："中书省没有宰相来拟定和签署最高行政命令，怎么办？"

赵匡胤说："你只管拟定诏书命令，我为你签署批示怎么样？"

赵普说："这是政府部门的职责所在，非帝王之事。"

赵匡胤想废除宰相负责拟定政府最高命令，自己负责签字同意或者不同意的传统权力运作规则，改为宰相先出草稿，自己同意了，再交代他们按照自己的意思拟出定稿交由自己签字盖章，从而将最高政令的决定权从宰相手里收归皇帝。但是，赵普是个权力欲望极盛之人，不愿意交权，才有了上面这段对话。

其次，赵普贪财。赵普曾经为了扩建自己的大宅用空闲的土地私下偷偷换了皇家的菜地，还建立了几家酒楼客栈获取收益。平时属下官员求他办事情都是需要奉上重金他才肯帮忙，少于万贯铜钱是不收的。例如在四川爆发农民起义的时候，赵匡胤想要派遣赵孚德去四川平叛。但是赵孚德贪生怕死，又在京城沉溺于花天酒地，不想再上战场。于是他就找到赵普，送上了一份厚礼，想让赵普帮他回绝这门差事，赵普答应了以后也顺利地劝说皇帝更改了平叛人选。

有一次，南唐后主私底下给了赵普五万两银子，数额太大，赵普不敢收，就向赵匡胤报告，赵匡胤说："收下吧，回信表示感谢，再拿点钱犒劳一下送钱的使者，这是规矩。"赵普就收下了。等到南唐使者入朝觐见，赵匡胤除通常赏赐之外，还额外多送了五万两银子。南唐君臣听说此事后，全都震动惊骇。

开宝六年（973），赵匡胤心血来潮想出宫走走，就前往赵普的府邸。恰好撞见了吴越王钱俶派人送礼物给赵普，就放在堂屋的廊下。赵匡胤就好奇地问这里面装的是什么？赵普回答说是海产品。赵匡胤说："吴越王送来的海产品，一定很新鲜。"就命人打开瞧瞧，结果发现里面装得满满的是瓜子大小的黄金。赵普吓得立马给赵匡胤磕头告罪。结果赵匡胤却笑着对他说："你放心收下，不用担心我怪罪。他还以为国家大事都是你定的呢！"

从这句话中，已经可以看出赵匡胤对赵普非常有意见了。但最终促使他下决心罢赵普的相，是接下来发生的一系列事情。

当时，宋朝实行三省制：中书省主管政务，枢密院主管军务，三司使管财务。之所以这样设定，就是为了分权。掌管中书省的赵普却让自己的儿子娶了枢密使李崇矩的女儿为妻。当初赵光义任开封府尹，赵匡胤想让赵光义兼任禁军殿前司都虞候，赵普就以政务与军务不能集于一人的理由反对，赵匡胤只能作罢。这次赵普这个政务首脑却要与军务首脑联姻，这大大犯了朝廷的忌讳。翰林学士卢多逊将此事上奏后，赵匡胤立即下令废止了这段婚事。

接着，雷有邻又弹劾赵普贪污受贿、以权谋私、伪造官员履历等罪行。这个雷有邻是前大理寺丞雷德骧的儿子，开宝元年（968），雷德骧弹劾赵普强买他人田产，收受他人贿赂。当时赵普圣眷正隆，赵匡胤不但没有处罚赵普，还把雷德骧贬为商州司户参军，不久流放灵武。

看到父亲遭到不公正的待遇，雷有邻不甘心，开始收集赵普违法犯罪的证据。经过长时间准备，雷有邻掌握了赵普大量的不法证据，一股脑儿都呈给了赵匡胤。

这次赵匡胤没有大事化小，小事化了，寻了个由头罢免了赵普的宰相职务，将他贬到了地方做官。

> 无论身居多高的位置，都要时刻保持清醒的头脑和坚定的立场。因为一旦滋生贪念，它就会成为对手轻易攻破的弱点，甚至是自己失败的致命漏洞。只有守住底线，不被欲望牵着鼻子走，才能在风云变幻中立于不败之地。

谋略锦囊

金匮之盟：
关键时刻把"王炸"打出来

开宝九年（976）冬天的一个夜晚，寒风凛冽，月朗星稀。大宋开国皇帝赵匡胤在与弟弟赵光义饮酒之后，突然暴毙于宫中，享年五十岁。这一突如其来的变故让整个皇宫乃至整个开封城都陷入了混乱和惊恐之中。

赵匡胤的皇后掩不住心中的悲痛，急忙对内侍总管王继恩说："快去请太子来灵前继位。"然而，命运似乎在这关键时刻开了个大玩笑，赶来的人并不是太子，而是赵光义。当时，赵光义已经掌握了皇宫和都城开封。

皇后见状大惊失色，明白事情已经无法挽回，只能无奈地对赵光义俯身一拜，说道："我们的性命都在陛下手里了。"赵光义神情淡然地回应："别担心，我们一同享富贵。"

随后，赵光义在赵匡胤的灵前继位，登基称帝，成为宋太宗。然而，他的登基却并未得到所有人的认可。朝野内外，议论纷纷，都在质疑赵光义得位不正。《辽史》中甚至直接记载：赵光义杀兄自立，篡夺皇位。这些质疑和传闻让赵光义极为烦恼。

在这个紧要关头，有一个人出现帮赵光义解了围，这个人就是赵普。

作为赵匡胤的心腹，赵普与赵光义在过去十多年里明里暗里斗得你死我活。如今赵光义登基，自然不会给赵普好脸色。赵普在这个时候回到京城出席赵匡胤的葬礼，在朝堂上挨了赵光义一顿痛骂，被斥为奸佞之徒、祸国殃民的小人。

但让人意外的是，赵普居然给赵光义递了一份奏折，这奏折就是他手中的"王牌"——传说中的"金匮之盟"。

在奏折中，赵普提到了两件事。首先，他表示自己一直以来都是支持赵光义的，还在赵匡胤在位时就曾上书，明确建议赵匡胤把皇位传给赵光义。

其次，他提到了一个更重要的事实：当年，赵匡胤、赵光义和赵廷美的母亲杜太后在临终前曾召见赵匡胤，并留下了一份遗诏。内容是为了避免大宋重蹈后周恭帝年幼导致政权更替的覆辙，赵匡胤应将皇位传给赵光义，赵光义将来再将皇位传给弟弟赵廷美。只有这样，大宋才能长治久安。这份遗诏，就是所谓的"金匮之盟"。

赵光义看到赵普的奏折和提到的杜太后的遗诏，心里顿时乐开了花。他立刻命令太监在宫中寻找这份遗诏的原件，没想到还真的找到了。

赵光义把这份遗诏展示给朝中群臣，以此证明自己登基称帝完全是依照杜太后的遗命，是赵匡胤的意思，也得到了宰相赵普的支持。所以，他的皇位是合法的，名正言顺。

虽然"金匮之盟"帮赵光义化解了眼前的危机，却也给他带来了新的难题。按照遗诏的内容，赵廷美也是宋朝的法定继承人。但赵光义并不想把皇位传给弟弟，而是打算传给自己的儿子。于是，他开始谋划新的策略，以应对这个棘手的问题。

最终，在赵普的设计下，赵廷美被构陷并幽禁起来，忧愤成疾吐血而终，年仅三十八岁。而赵光义也因此顺利地将皇位传给了自己的儿子。

淳化三年（992），赵普在洛阳家中病逝。赵光义痛哭流涕，称赞赵普是真正的社稷之臣。两人的恩怨纠葛，也随着赵普的离世而画上了句号。

人人都知道在做事的时候应该留底牌，但究竟什么时候使用底牌才是关键。随着局势的变化，底牌的价值也会发生变化。特别是在面对某些特殊情况的时候，你的底牌可能会升值数十倍、上百倍，甚至成为无价之宝。因此，即便留有底牌，也不能随意打出。

谋略锦囊

第九章 耶律楚材

双修福慧兴蒙古，
经世济民，以儒治国

·人物档案·

姓名	耶律楚材	性别：男 生卒年份：公元 1190 年—公元 1244 年
时代：金朝、蒙古		籍贯：燕京（今北京地区）
性格特点：智勇双全，忠诚耿直，通晓儒学，致力于文化融合。			
个人简介：耶律楚材，字晋卿，号湛然居士，金末杰出的政治家，出身于契丹贵族家庭，自幼饱读诗书，精通多种民族语言，深受成吉思汗和窝阔台的信任，在治理中原、安抚民众方面作出了重要贡献，并倡导实施多项改革，为元朝的建立和稳定作出巨大贡献。			

·大事年表·

- 出生：公元 1190 年，生于北京。
- 公元 1206 年：考中科举，入仕金朝。
- 公元 1215 年：大蒙古国攻占燕京，结识成吉思汗。
- 公元 1219 年：随成吉思汗西征，备受器重。
- 公元 1229 年：助窝阔台继位，得到重用。
- 公元 1231 年：升任宰相，推行以儒治国。
- 逝世：公元 1244 年，谥号文正。

一个亡国之人的华丽转身

有这么一位契丹人,他在元初的风云舞台上,凭借出众的智慧和渊博的学识,从亡国之人一跃成为朝廷重臣,书写了属于自己的传奇。

此人就是耶律楚材,辽太祖耶律阿保机的九世孙,血脉中流淌的是皇室的尊贵和荣耀。然而,到他父亲耶律履这一代时,家族已被金国"收编"。

耶律履是显赫一时的金国宰相,对耶律楚材这个儿子百般疼爱,甚至请来了算命先生为儿子测算前程。算命先生预言说楚材虽然才华横溢,将来却是在异国展现抱负。

耶律楚材刚刚三岁,父亲便去世了,家庭顿时陷入困境。幸好,耶律楚材的母亲杨夫人是个有见识、有主见的女人,她带着儿子离开了繁华的都城,回到了家乡义州。在那里的医巫闾山上,杨夫人建了两间小屋,一边教导儿子礼仪,一边督促他发奋读书。

耶律楚材天资聪颖,加上母亲的悉心栽培,几年下来,他在学问上取得了巨大进步,四书五经、诗词歌赋信手拈来,天文历法、地理历史、医学占卜,甚至连数学也有颇深的研究。

在古代中国,"学而优则仕"几乎是每个有志青年的理想,对耶律楚材来说,这更是他的唯一选择。不过,当金国皇帝金章宗准备直接给他安排一个省掾的官职时,耶律楚材却拒绝了。他在奏折中表明,自己更希望通过科举考试来证明真才实学,而不是靠关系上位。

金章宗被他的志向打动,不禁感叹道:"若是朝中大臣家的子弟都像你这般有志气,金国怎会不兴盛?"结果,耶律楚材参加科举考试,还真考中了进士,从此踏上了仕途。

到了金宣宗在位时期,由于大蒙古国的步步紧逼,金国的局势已岌岌可危,金宣宗无奈之下决定迁都汴京,耶律楚材则和丞相完颜承晖一同留守在中都燕京。金宣宗贞祐三年(1215),燕京城被大蒙古国攻破,完颜承晖殉国。

成吉思汗早就闻知耶律楚材的大名,特意召见了耶律楚材并与他彻夜长谈。当时耶律楚材身高八尺有余,声音洪亮,三绺须髯飘散前胸。成吉思汗一看到耶律楚材就非常高兴,称他为"吾图撒合里"。这句蒙古语的意思是:长着长胡须的人。

成吉思汗说:"你是辽国皇族,金国和辽国是世仇,我一定要消灭金国为你报仇雪恨。"

耶律楚材说:"我祖父、父亲都是金国的臣子,既然曾为臣子,又怎敢仇恨国君呢!"

成吉思汗很欣赏他的回答,认为他对君王很忠诚,于是决定把他留在自己身边,充当"那可儿"("伴当"的意思),耶律楚材从此成为成吉思汗的心腹谋士。

对于想要成功的人来说,一帆风顺往往不是人生的常态。当处于高峰之时,应该懂得巩固收获,站稳脚跟。而处于低谷之时,不能失去希望,陷入颓丧。不断学习、思考,精进能力、提升段位,才能在机会到来的时候翻身。

谋略锦囊

折冲万里，以文韬镇武略

蒙古太祖十四年（1219）六月，成吉思汗率军西征花剌子模，耶律楚材随军同行。出征前，大军正准备祭旗，突然天空乌云密布，接着竟下起了鹅毛大雪——此时正值六月，这可是六月飞雪啊！

如此反常的天气往往被视为不祥之兆，士兵们顿时人心惶惶，议论纷纷。成吉思汗见状，赶紧请教耶律楚材这天象究竟预示着什么。

耶律楚材不慌不忙地笑了笑，解释说："这是玄冥之气，预示着大蒙古国军队将大获全胜，是个吉兆。"他的这番话就像定海神针，迅速安抚了军中不安的情绪。

到了第二年冬天，又遇到了一场电闪雷鸣的怪异天气。对于普通人来说，这简直是更加不祥的预兆。然而，耶律楚材再次镇定自若地解释道："这预示着花剌子模的国君命不久矣。"没过多久，这个预言果然应验了。耶律楚材的预见能力让成吉思汗和军队将领们对他刮目相看。

不过，能力越大，挑战也越多。很多人对他的地位和才能心生不满。有一次，西夏的弓匠常八斤就直言不讳地质问道："现在正是用兵打仗的时候，像耶律楚材这样的书生有什么用处？"

面对质疑，耶律楚材不卑不亢地回答："制作弓箭尚且需要弓匠，治理天下又怎能不用治理天下的能人？"这一番回答充满智慧和自信，让成吉思汗更加看重他。

耶律楚材不仅在玄学占卜方面声名显赫，同时也是一位杰出的科学家。他可能是世界上第一个发现时差现象的人。当成吉思汗西征到达寻思干城时，根据历法推算，当地应该会出现月食，但实际上却没有发生。这个异常的天象让成吉思汗非常困惑，于是他请耶律楚材来研究其中的奥秘。

不久后，耶律楚材向成吉思汗解释说："这是因为中都和寻思干之间存在时间差，我称之为'里差'。我推算出寻思干的时间比中都大约晚了一个半时辰。"他的推算结果与现代科学测量的结果几乎一致。

为了更好地适应西域的时间计算，耶律楚材还编写了一本名为《西征庚午元历》的历法,专门用于西域地区的时间记录。这个成就再次展现了耶律楚材的卓越才华,不仅让成吉思汗对他更加信任,也让世人对他的学识刮目相看。

耶律楚材虽然跟随成吉思汗出征于各地,但也没有丢下他的文房四宝,在军营征战中创作了多达七百多首诗歌。耶律楚材的作品境界高深,胸怀开阔,有的作品格调苍凉,颇具特色。如《过阴山和人韵·其三》:

八月阴山雪满沙,清光凝目眩生花。

插天绝壁喷晴月,擎海层峦吸翠霞。

松桧丛中疏畎亩,藤萝深处有人家。

横空千里雄西域,江左名山不足夸。

谋略锦囊

一个人知识的广度决定着人生的高度。知识的广度也是个人综合素质的体现。一个拥有广泛知识的人,往往具备更强的学习能力、适应能力和创新能力。他能够快速吸收新知识、适应新环境,并在实践中不断创新和突破。耶律楚材正是依靠他广博的知识,才被成吉思汗视为心腹。

兴仁止杀，救万民于冷刃之下

耶律楚材不仅深受儒家文化的熏陶，更对佛学有着深厚的领悟。佛学五戒——杀、盗、淫、妄、酒，他自然熟记于心，视之为行为的准则。

然而，当耶律楚材看到大蒙古国军队每攻下一座城池都伴随着惨无人道的屠杀和掠夺时，内心充满了痛苦和无奈。这种行为不仅严重违背了五戒，更是对生命的极大亵渎。于是，他一直在寻找机会劝说成吉思汗减少杀戮，还这片土地一个和平宁静的环境。

机会终于来了。在东印度的铁门关附近，突然出现了一只鹿身马尾、能说人话的绿色怪兽，它对士兵们说："你们的主帅应当早日回师。"这个怪异的消息很快传到成吉思汗耳中，他感到十分惊奇，于是询问耶律楚材这到底是怎么回事。

耶律楚材抓住这个难得的机会，对成吉思汗说："这只怪兽名叫角端，喜欢善良、厌恶杀戮。大军应该听从它的劝告，早日回师，以免招致灾祸。"成吉思汗觉得很有道理，当即下令撤军。这一决定不仅避免了更多的杀戮和破坏，也让大蒙古国军队得到了难得的休整机会。

1226 年，成吉思汗率领众将进攻西夏。攻破西夏灵武城后，所有的将领和士卒都在争相抢夺美女和金钱。耶律楚材却只对两样东西感兴趣，那就是西夏统治者留下的书籍、户籍、地图资料和治疗瘟疫的药材。

> 是啊,药材比金银更有用!

> 多亏了你收集的药材!

没过多久,军中发生疫病,耶律楚材事先筹集的大黄等药材正好用上,救了数万士卒的性命。而耶律楚材搜集的书籍资料,在大蒙古国统治西夏的过程中,也起到了关键作用。

谋略锦囊

说话是一门艺术,同样的事情,不同的说话方式,往往就能出现截然不同的结果。我们想要说服某人,在进行劝说之前,不妨先调查对方的好恶。通过这些特点入手,能让你的语言更易打动人,起到更好的说服效果。

一士之智，乱局捧起窝阔台

1227 年，成吉思汗在击溃西夏主力后病逝于六盘山。临终前，成吉思汗把儿子们都叫来，指明由窝阔台继承汗位。他还对窝阔台说："耶律楚材是上天赐给我们的礼物，我死了之后，军国大事，你都要多听听他的意见。"成吉思汗这番话，俨然是把耶律楚材当作托孤大臣来看待。

根据成吉思汗的遗命，应该由窝阔台继任大汗之位。但是，按照当时的部落议会制度（库里勒台制），汗位的继承人必须通过库里勒台大会的最后决定，所以，在成吉思汗去世后的两年，大汗的位置实际上是空缺的。这期间，成吉思汗的第四子托雷一直在监国，大蒙古国陷入了权力真空，各方势力开始蠢蠢欲动，一场权力风暴正在酝酿。

在这个动荡不安的时刻，耶律楚材挺身而出，在各方势力之间奔走斡旋，凭借智慧和口才说服了那些犹豫不决的贵族。最终，库里勒台大会顺利召开，诸王一致同意推选窝阔台为大汗。

这时，耶律楚材找到了窝阔台的二哥察合台，对他说："您虽然是大汗的兄长，但也应当以臣子之礼跪拜大汗。"察合台听从了耶律楚材的话，第一个跪拜窝阔台，其他宗王和大臣见了，也纷纷跪拜，这样一来，窝阔台的汗位得到巩固。此后，大家都称赞耶律楚材是"社稷之臣"。

耶律楚材不仅具有政治斡旋的才能，他还是一位治国理政的高手。窝阔台非常器重他，这也让耶律楚材有了大展身手的机会。他首先着手整顿燕京的治安，将那些横行不法、欺压百姓的权贵子弟一一缉拿，公开处决了十六名作恶多端的贼寇。燕京的百姓对他的果断行动感激不尽，从此城中秩序井然，百姓安居乐业。

耶律楚材明白，治国不能单靠严刑峻法，还需要建立一套完善的制度。因此，他向窝阔台呈上一道奏折，详细讨论了抚慰百姓、管理军队、征收赋税等一系列问题。

他特别指出，当时官场上盛行的互相送礼之风是滋生腐败的温床，必须加以制止。窝阔台虽然起初有些犹豫，但在耶律楚材的坚持下，最终还是批准了这项改革措施。

耶律楚材还引入了科举考试的制度，在他的建议和推动下，朝廷于1238年举行了首次科举考试，从中选拔了四千多名儒生。这些人后来成了辅佐元世祖忽必烈的重要官员，为大蒙古国的统一进程做出了巨大贡献。

然而，耶律楚材的大胆改革和刚正不阿的性格也引来了许多权贵的不满。他们暗地里向窝阔台进谗言，试图诋毁耶律楚材的声誉。窝阔台却对耶律楚材极为信任，命人彻查幕后黑手，狠狠训斥了那些挑拨离间的人。这一举动更加坚定了耶律楚材继续改革的决心。

即便如此，耶律楚材也曾因诬告而被下狱。窝阔台气消后感到后悔不已，立刻下令将他释放。面对赦免，耶律楚材却坚持不肯解除缚，要求窝阔台对自己的冤屈给个说法。此举令大臣们大为惊愕，但窝阔台反而更加欣赏他的直言不讳，立即向他道歉。这场风波不仅加深了君臣之间的关系，还使耶律楚材更加坚定了为窝阔台效力的决心。

> 坏事物的出现，最开始的原因、目的经常是好的。送礼，就是个很好的例子。原本只是礼尚往来，表达友好与善意。但要是完全不管理、不控制，任由其肆意发展，就有可能成为暗中交易的手段。因此，要有长远的目光和防微杜渐的意识，将坏事物扼杀在未形成之前。

谋略锦囊

发展经济，保护名士

窝阔台登上汗位不久，耶律楚材就提出了发展经济的建议："陛下即将南征，军队需要充足的后备资源。如果能够公平地征收中原的地税、商税，以及酒、醋、盐、铁、山林等资源税，每年就能为国库增加五十万两白银、八万匹绢布、四十万石粮食，完全可以满足军需。"他建议通过稳定的税收制度，为帝国带来持久的经济利益，而不是短期的掠夺和破坏。

窝阔台听了耶律楚材的建议后，觉得非常有道理，立刻采纳并实施了这一计划。不久之后，帝国国库大为充实，蒙古的经济也得到了前所未有的发展。为了表彰耶律楚材的功劳，窝阔台任命他为中书令（宰相），让他在更高的政治舞台上发挥作用。

在金国被征服后，蒙古人把大量的金国百姓掠为奴隶，连读书人也不能幸免。耶律楚材深感不忍，借着扩充国家税收的名义进行户籍清查，将这些奴隶解放为国家的编户齐民，结束了他们的奴隶身份。

在灭金国和伐南宋的过程中，耶律楚材更是保护并起用了许多名士，如元好问、赵复、窦默、王磐等人。这些人都是当时学识渊博之士，他们的存在对于北方学风的兴盛有着极大的影响。耶律楚材的这一行为不仅让这些名士得到了应有的尊重与重用，更为文化的传承与发展做出了巨大的贡献。

有一次，召开诸王会议，在众人面前，窝阔台特意向耶律楚材敬酒。窝阔台认为，之所以重用耶律楚材，是因为成吉思汗的命令，自己当初并不看好耶律楚材。没想到在中原的平定和治理中，耶律楚材却是功劳最大之人。

1241年，窝阔台去世，乃马真皇后独掌大权，将耶律楚材晾在一边。三年之后，耶律楚材郁郁而终，享年五十五岁。耶律楚材去世的时候，许多蒙古人为其痛哭，许多汉人的士大夫也为其立碑缅怀。

耶律楚材辅佐成吉思汗父子二十余年，当了多年的中书令，乃马真皇后以为天下的税赋大多被耶律楚材贪污了。然而，当乃马真皇后派人调查时，却发现耶律楚材的家中只有一些古琴、书画和古籍，除此之外再无其他财物。这一发现让乃马真皇后深感愧疚，并对耶律楚材的品格格外敬佩和仰慕。

谋略锦囊

乾隆皇帝在评价耶律楚材时说，一个国家要"开国承家，创业垂统"，就必须有"通经明道、规模宏大之臣为之立法垂献，使子孙有所鉴，成宪而持永久"，而耶律楚材就是这种具有历史眼光的名臣！

第十章 范文程

大清图霸重要推手,
运智铺谋,毁誉参半

· 人物档案 ·

姓名	范文程	性别：男
		生卒年份：公元 1597 年—公元 1666 年
时代：明末清初		籍贯：辽东沈阳（今辽宁沈阳）
性格特点：智谋深沉，善于应变，审时度势		

个人简介：范文程，字宪斗，号辉岳，明末清初著名的政治家与谋士。他出身于明朝官员家庭，后投降后金，并成为清朝开国功臣，深受清太宗皇太极的信任与重用。在清朝建立过程中，范文程立下赫赫战功，并参与制定多项重要政策，为清朝的政治稳定和社会发展做出了突出贡献，被誉为"开国宰辅"。

· 大事年表 ·

- **出生**：公元 1597 年，生于辽宁沈阳。
- **公元 1618 年**：被后金掳掠为奴，得努尔哈赤善待。
- **公元 1629 年**：随皇太极攻明，因功受封。
- **公元 1631—1643 年**：受皇太极重用，屡次受封。
- **公元 1644 年**：定策入关，开国定制。
- **多尔衮执政时期**：托疾家居，远离朝堂。
- **公元 1652 年**：蒙恩复出，承担重任。
- **逝世**：公元 1666 年，谥号文肃。

范仲淹的子孙竟然会降敌

范文程，字宪斗，辽东沈阳人，是宋神宗赵顼以及宋哲宗赵煦时期的观文殿大学士、商平公范仲淹的十七世孙。

根据历史记载，范仲淹之孙范正国在靖康之变后南迁江西临川，后又迁至江西乐平。那么，范文程怎么跑到辽东去了呢？这一切还要从他的七世祖范岳说起。

据《范氏宗谱》记载，明朝洪武年间，范岳在湖广云梦县担任县丞，负责全县公务文书的草拟和保存以及仓库物资的存贮发放，辅佐县令处理公务，是个有职无权的小吏。有一次衙署中突发火情，导致云梦县的案卷和户籍名册都被烧掉。

朱元璋闻报后十分不满，认为云梦县官吏有玩忽职守之嫌，范岳身为案卷户籍主管，首当其冲成了主要责任人，按照朝廷律令被治罪，发配边疆。范岳带着全家老小背井离乡，被押送到当时属于边外蛮荒之地的辽阳定居下来。

范岳一家从此扎根辽东，繁衍生息，开枝散叶，逐渐融入辽东百姓。一晃到了两百多年后的明朝末年，范文程出生了。

范文程从小聪明伶俐、勤勉好学，十八岁时与哥哥范文寀同为沈阳县学生员。在明朝末年，高级官员几乎完全掌握着下面官员的升迁奖惩，因此盛行的科举制度——无数寒窗苦读学子的救命稻草，也不能改变他们的命运。范文程就是这些学子中的一员，他多次参加科举考试，却只考中了秀才，而且身在一个属于偏远的地方，想要踏入仕途实在是难上加难。从这时起，范文程就深深明白明朝已经不能成为自己的庇护所，要想有一番作为，必须找到新的出路。

万历四十六年（1618），后金的八旗军攻下抚顺后大肆掳掠，将抓捕的三十万人畜分别赏赐给有功的官兵，范文程不幸就在其中。他被掳之后，被编入满洲八旗成了奴隶。

渔猎民族出身的后金虽然在打仗方面很厉害，但在文化方面还非常贫瘠，范文程虽然几次科举只达到了秀才的高度，但在当时已经属于少见的读书人，很快就引起了努尔哈赤的注意，并得到了一定程度的善待。

但是，范文程一直没有得到重用，这也不能全怪努尔哈赤，他每天都在忙着与大明作战，攻城略地，需要的都是驰骋疆场、骁勇善战的将士，而不是文人。所以，对待这位秀才出身的汉人，努尔哈赤始终不会信任与重用，只是看范文程长得身材魁梧，还能出些小点子，就让他跟在自己身边。

范文程并没有因此而放弃。他明白在这个乱世之中，只有展现出自己的实力和价值，才能够获得真正的认可和地位。于是，他开始用自己的智谋和才略为努尔哈赤出谋划策，逐渐在清朝的政治舞台上崭露头角。

> 清楚分析局势，正确定位个人能力。要取得成功，只有目标肯定不够，还要明白自己的优势。想要达到目标，就必须知道在实现目标路上缺少什么，自己又能做些什么。

谋略锦囊

算死袁崇焕，诱降洪承畴

后金天命十一年（1626），努尔哈赤死后，皇太极继位。皇太极非常重视文人，特别是那些懂汉文、能读写汉字的人才。范文程，这位身材高大魁梧、完全不同于传统文弱书生形象的文人，得到了皇太极的青睐。他被安排到文馆任职，成为皇太极的智囊团成员之一。

范文程并未辜负皇太极的期望，不断向皇太极讲述自己治国平天下的策略和汉族封建皇帝们在治国方面的理论、措施、经验。皇太极常常听得入迷。在范文程的影响下，皇太极逐渐摆脱了游牧民族奴隶制思想的桎梏，接受了来自汉族王朝的封建制度，范文程也因此渐渐获得皇太极的信任。

范文程的智谋并不仅仅体现在治国理念上，在军事上也展现出了非凡的才能。后金天聪三年（1629），皇太极第一次入关作战就带上了范文程。后金军队在蓟门、遵化一带陷入了明军的包围，后金士兵都心惊胆战，范文程向皇太极献出了火炮集中攻城、骑兵随后跟进的战术，不但解了围，还一举攻克了永平城。接着，皇太极大军浩浩荡荡开往北京，一路攻到明朝首都的近郊，与明朝大将袁崇焕展开了一场激战。

眼看着两军僵持不下，皇太极有点焦头烂额，这时，范文程灵机一动,提议用反间计来打破僵局。他诈称皇太极与袁崇焕有密约,巧妙地把这个消息透露给被俘虏的明朝太监,然后又假装让他们逃走。

太监回去后把这个消息报告给了崇祯皇帝。结果,袁崇焕被下狱治罪,后被凌迟处死,罪名就是私通后金、图谋造反。

这场明末最大的冤案就是范文程一手策划出来的,硬是把袁崇焕送上了绝路。范文程这一招不但帮皇太极除掉了一个头疼的劲敌,也让明朝自己内部乱成了一锅粥。这一事件,充分展现了范文程在军事谋略上的才华和狠辣。

天聪五年(1631),皇太极亲自率领大军围困大凌河城,明朝大将祖大寿见势不妙,只得投降。然而,还有一部分明军将士依旧死守关隘,不肯屈服。

皇太极派范文程去劝降。范文程毫不畏惧,骑着一匹马就直闯明军大营,用事实和道理把明军将领们说得哑口无言,最终成功让守关的将士们全部放下武器投降。这一战，不仅彰显了范文程的机智和胆量，更显示了他对人心的精准把握。

皇太极为了进一步扩大势力，在招降明朝的将领方面下足了功夫，其中最著名的一次就是洪承畴的归降，这也堪称是范文程智谋的巅峰之作。

洪承畴曾是崇祯朝的大学士，因成功镇压西北的农民起义而声名远扬。然而，在松锦之战中，他不幸兵败被俘。

皇太极非常看重洪承畴在明朝官场中的人脉关系，急于让他归顺。然而，洪承畴表现得十分坚决，誓死不降。无奈之下，皇太极只好再次请出范文程。

范文程见到洪承畴后，没有直接劝降，而是与他侃侃而谈，从天下大势到个人前途，聊得洪承畴心动不已。

他敏锐地察觉到洪承畴虽然口口声声说"宁死不降"，但内心深处还是倾向于更柔和的投降方式。在范文程的示意下，皇太极顺势解下自己的貂皮大衣，披在洪承畴身上，以示诚意和尊重。

这一招果然奏效，洪承畴在感动之下终于归顺。这一切，无不归功于范文程对人性的精准拿捏。

谋略锦囊

与人竞争的时候，如果从外部不能取得战果，那不妨试试是否能从内部瓦解对手。任何组织都不是铁板一块，让对方自乱阵脚，只要用对了方法，找准了窍门，就总有见缝插针的机会。

定策入关，规整秩序

范文程在跟随皇太极数次入关作战立功之后，地位有了极大的提升，很多事情皇太极都先和范文程商议，而且在其他大臣、亲王禀报事务的时候，都要先问范文程知不知道。有时，皇太极干脆就把军政事务推给了范文程，让文武群臣有什么事情都找他，只要是范文程说的，皇太极都同意。

天有不测风云，大清崇德八年（1643），皇太极猝死于盛京后宫，年仅六岁的福临登基，是为顺治帝。

顺治元年（1644）四月，范文程以其敏锐的政治嗅觉洞察到了明朝的灭亡之象。农民起义军的蜂起让明王朝摇摇欲坠，这是一个千载难逢的机遇。范文程上书多尔衮，以"秦失其鹿，楚、汉逐之"的历史典故，阐述了清军入关、夺取北京的紧迫性与必要性。他的"入关论"，不仅仅是对军事行动的规划，更是对政治、民心乃至天下大势的深刻把握。范文程深知，清军入关，不仅仅是军事征服，更要赢得民心，建立合法的统治秩序。因此，他力主严明军纪，保护百姓，提出了"军民秋毫无犯"的纪律要求，以及"官来归者复其官，民来归者复其业"的安抚政策，展现了他高超的政治智慧与深远的战略眼光。

山海关一战，吴三桂的投降，李自成的败退，清军的胜利，正是对范文程"入关论"的实践验证。

范文程的入关建议促使清朝调整军事策略：停止屠城抢掠，推行"得城必守"，通过严明军纪与轻徭薄赋争取民心；确立"以汉治汉"方针，加速政权汉化进程。这些举措使清军迅速突破山海关，以最小阻力入主中原，为康乾盛世奠定制度根基，实现了从边疆政权到统一王朝的转型。

谋略锦囊

文馆重臣，开国定制

每一代的开国之君都必然有着过人之处，他们或是英勇善战，或是智谋过人。

在努尔哈赤起家时期，行政机构简陋，八旗制度虽然存在，但几乎一职多能，既耗费时间精力，又使得行政混乱不堪。

皇太极上位之后，为了巩固政权，制定了一系列新政策和制度。他着力强化汗权，将其地位提升到无可撼动的高度，并逐步建立了一套相对完善的国家行政体系。他特别强调"凡事都照大明会典行"，因此许多行政机构仿照明朝的制度来设立，这为日后大清入关奠定了制度基础。

范文程是皇太极改革和发展道路上的得力助手，在政治、军事、文化等事务中扮演了关键角色。

后金天聪七年（1633），明朝将领孔有德和耿仲明向皇太极写信表示愿意率领部队投降。皇太极大喜过望，立即派范文程前往孔有德的大营进行谈判。凭借卓越的谈判技巧和应变能力，范文程成功说服了孔有德和耿仲明，并将他们带到沈阳拜见皇太极。这不仅为后金增添了重要的军事力量，也为大清入关的军事准备加了一重保障。

> 这范文程，说得比说书先生还精彩，真有那么好吗？

> 两位将军，投降我们，保证你们富贵荣华不尽！

皇太极建立大清、改元崇德后，对文臣的作用更加看重。他决定把原先的文馆进行了改组，设立了"内三院"，分别是内国史院、内秘书院和内弘文院。为了更好地管理这些机构，他任命范文程为内秘书院大学士，专门负责起草国家重要文书和皇帝的各种敕令。通过这一系列举措，皇太极不仅强化了文官系统的职能，还确保了政令的高效传达和执行。

范文程执掌朝廷机密，经常与皇太极长时间商讨大政方针。他的建议和意见往往能够影响皇太极的决策，甚至成为皇太极制定政策的重要依据。他不仅为皇太极的政治布局出谋划策，还在制度建设和行政管理上贡献良多，是推动大清迈向强盛的一大关键人物。

多尔衮摄政后，范文程更是以其高超的治国理政能力，为清朝的统一和稳定做出了卓越的贡献。他恢复北京城秩序、为崇祯皇帝发丧、效法明朝官制制定大清的官制等一系列举措，使得北京迅速稳定下来，民众的怨气也渐渐消除。

要说皇太极去世后谁在支撑大清的江山,多尔衮是台面上的风云人物,负责扛起"面子",而在幕后运筹帷幄、打理"里子"的人,正是范文程。他负责制定军事战略,改革官僚体制,推行宽和政策,缓解内部矛盾,争取民心,还把一系列的制度安排得井井有条。可以说,清朝的统一和安定,离不开范文程的智慧和谋略,他的贡献丝毫不亚于多尔衮,是大清这座大厦的坚实根基。

难怪《清史稿》在范文程的本传中给予了高度评价,说他在大清开国立下的功勋堪比汉朝的萧何、曹参,唐朝的房玄龄和杜如晦。

> 无规矩不成方圆,越是大的团队,就越是需要完善的规矩。单纯靠人来管理,不仅效率低下,还很难做到彻底的公平、公正。

谋略锦囊

明哲保身，荫庇后世子孙

就在范文程大展拳脚、政绩辉煌之时，朝廷风向突然急转直下，这让他不得不暂时放下雄心壮志，避身权力核心之外。

当时，清廷真正的掌权者是摄政王多尔衮。后来，多尔衮的地位迅速飙升，从"摄政王"一步步升到"皇父摄政王"，俨然有把幼帝顺治架空之势，权势如日中天。

范文程曾经深受皇太极信任，面对朝政日益腐化和多尔衮的权力扩张，心中满是担忧和不安。他很清楚，如果想保住目前的地位，继续享受高官厚禄，就必须依附于多尔衮的势力；但如果选择忠于原则，坚守气节，那他的身家性命都将面临巨大的风险。

在这个进退维谷的时刻，范文程展现出他的远见卓识，决定装病请辞，暂时避开风头。

大清顺治七年（1650），多尔衮病逝，朝局再次发生变动。那些曾依附多尔衮、妄改《太祖实录》的官员纷纷落马，范文程虽也参与其中，却因之前的明智之举，仅被革职折赎留任，避免了更严厉的惩罚。不久，范文程复官，并再次得到重用，担任《太宗实录》总裁官，继续尽心竭力佐治国政。

康熙五年（1666），范文程病逝，享年七十岁，康熙皇帝特派钦差前往皇太极陵寝告祭，并亲自书写祭文，赐予他"文肃"这一谥号。这是对他一生功绩的最高肯定，也是对他明哲保身，荫庇后世子孙的最好注解。

谋略锦囊

人人都愿意进而不愿意退，更是有许多人将"进一步何其困难"当成绝不后退的坚实理由。实际上，进未必就是进。当前进一步要面临巨大风险，大概率有满盘皆输的时候。